本书受2024年同济大学研究生教材建设项目资助

生物医药知识产权案例评析

曹丽荣 ◎著

法律出版社 LAW PRESS | 北京

图书在版编目（CIP）数据

生物医药知识产权案例评析 / 曹丽荣著. -- 北京：法律出版社，2025. -- ISBN 978-7-5244-0224-4

Ⅰ. D923.405

中国国家版本馆 CIP 数据核字第 2025A11X44 号

生物医药知识产权案例评析 SHENGWU YIYAO ZHISHICHANQUAN ANLI PINGXI	曹丽荣 著	责任编辑 张 岩 解 锟 装帧设计 贾丹丹

出版发行	法律出版社	开本	710 毫米×1000 毫米 1/16
编辑统筹	重大项目办公室	印张 12	字数 212 千
责任校对	郭艳萍	版本	2025 年 6 月第 1 版
责任印制	吕亚莉	印次	2025 年 6 月第 1 次印刷
经　　销	新华书店	印刷	北京虎彩文化传播有限公司

地址:北京市丰台区莲花池西里 7 号(100073)
网址:www.lawpress.com.cn　　　　　　　销售电话:010-83938349
投稿邮箱:info@lawpress.com.cn　　　　　客服电话:010-83938350
举报盗版邮箱:jbwq@lawpress.com.cn　　　咨询电话:010-63939796
版权所有·侵权必究

书号:ISBN 978-7-5244-0224-4　　　　　　定价:88.00 元

凡购买本社图书，如有印装错误，我社负责退换。电话:010-83938349

序

欣闻同济大学国际知识产权学院资深学者曹丽荣女士精心编撰的《生物医药知识产权案例评析》一书即将出版，本人深感振奋和期待。

就横向比较而言，医药领域的知识产权事务具有较大的特殊性。

众所周知，药品是一种特殊商品。首先，由于新药的研究开发具有投资大、难度高、风险大和周期长等特点，因此，医药行业对于专利保护的依赖程度明显高于其他行业。有专家经过研究分析后曾经得出结论，如果没有专利保护，60%的药品发明不能研究出来，65%不会被利用。因此，在市场经济的社会背景下，没有较强的知识产权保护，医药行业就难以得到长足的发展。

其次，医药行业还是个高投入、大市场、高产出和高风险的行业，在知识产权强保护的环境下，一旦出现侵权行为，就会有相应高额的赔偿金，例如，美国历史上判罚十亿美元以上的几个案例发生在医药领域。如果没有药品专利链接或称药品专利纠纷的早期解决机制，无论对创新药、仿制药厂家还是用药的患者，都会带来巨大的隐患。

再次，为了保证药品的疗效和最大程度地减少药品上市后可能对患者造成的负面效应，各国政府都会要求制药企业在上市前提供足够数量的临床实验数据，以证明其安全有效和质量可控，而这种临床试验和行政审批不仅需要巨大的投资，还需要较长的时间成本。况且，这些工作基本上都是在创新药品申请专利后进行的，需要占用大量的专利有效期，如果没有专利期补偿制度，那么不少创新药品在市场独占期间就收不回开发成本，从而严重挫伤其药物创新的积极性。

基于以上特点和我国生物医药产业的最新发展，我国《专利法》在第四次修改时引入了"药品专利纠纷早期解决机制"和"药品专利期限补偿制度"，从而将生物医药专利的保护水平提高到了一个崭新的阶段。

最后，医药是公共健康的必需品，没有知识产权保护就没有新药被研究开发出来用于疑难病症的治疗，也就实现不了普通患者对药品的可及性。因此，制定医药领域的知识产权政策，还需要密切结合本国的实际国情，制定和完善植物新品种保护条例、药品数研数据保护以及专利强制许可和反垄断法等防止专利权人滥用权利的制度。

国务院 2008 年 6 月颁布的《国家知识产权战略纲要》指出，要实施国家知识产权战略，大力提升知识产权创造、运用、保护和管理能力。其中，创造是基础，保护是关键，运用是目的，管理是保障。中共中央、国务院 2021 年 9 月印发的《知识产权强国建设纲要（2021－2035 年）》又进一步指出，进入新发展阶段，推动高质量发展是保持经济持续健康发展的必然要求，创新是引领发展的第一动力，知识产权作为国家发展战略性资源和国际竞争力核心要素的作用更加凸显。要牢牢把握加强知识产权保护是完善产权保护制度最重要的内容和提高国家经济竞争力最大的激励，打通知识产权创造、运用、保护、管理和服务全链条，更大力度加强知识产权保护国际合作，建设制度完善、保护严格、运行高效、服务便捷、文化自觉、开放共赢的知识产权强国，为建设创新型国家和社会主义现代化强国提供坚实保障。由此可见，生物医药领域的知识产权保护是落实知识产权强国战略的核心和重要环节，尤其是具有决定性质的司法案例，可以为大家提供现行的实际标准和最终判决。

记得 2012 年 10 月，为了帮助我国生物医药行业的企事业单位抓紧制定知识产权战略和策略，积极了解和理解知识产权制度，特别是专利获权、确权及侵权的知识和规则，深入研究和运用应对各种纠纷和诉讼的技巧，借以促进企业成为医药创新及专利保护和运用的主体，提高医药行业和企业的核心竞争力，国家知识产权局专利局医药生物发明审查部曾经与中国药学会医药知识产权研究专业委员会一起组织编写了一本《医药专利保护典型案例评析》，以供医药行业和企业从事知识产权创造、运用、保护和管理相关工作的人员阅读参考。而本次即将出版的曹丽荣女士精心编撰的《生物医药知识产权案例评析》一书可谓是"百尺竿头更进一步"，不但精选了16个涉及生物医药专利确权和侵权诉讼及其敏感和充满难点问题的诉讼案例，例如"化学领域产品发明说明书充分公开的判断、确定发明所要解决的技术问题""技术方案中产品权利要求与方法权利要求创造性评判之间的关系""将某种处方已知的药物由某常规剂型改换为另一种剂型创造性的判断""仅体现于用药行为中的特征对权利要求保护的制药方法是否具有限定作用""马库什权利要求的创造性判断方法和对马库什权利要求修改的限制""补充实验数据是否被接受""药品晶型专利新颖性和创造性判断""中药组合物专利的创造性判断""物质第二医药用途专利的创造性判断""生物序列权利要求得到说明书支持的判断""药品制备方法专利侵权纠纷中被侵权药品制备工艺的查明""药品标准必要专利的侵权判断""用微生物保藏编号限定的权利要求的侵权判定""非新产品方法专利侵权诉讼举证责任分配""专利行政诉讼中新证据的审查""药品专利链接案件权利要求比对对象"等专利确权和侵权诉讼中的热点、难点问题，还深入研究了四个涉及"植物新品种保护范围的判断""药品专利反向支付协议的反垄断审查""植物新品种销售行为的认定和惩罚性赔偿的适用""药品集采挂网是否构成许诺销售行为"内容更加广泛的知识产权法律问题的案例，总共20个案例。每个案例除了"案情简介"和"法院判决"以外，还精心撰写了"案例评析"和"案例启示"，从专业技术和法律规则相结合的角度进行了深入浅出的解析，内容丰富，层次清楚，非常值得生物医药知识产权领域的从业人员一读。

据我所知，曹丽荣女士是生物学博士，华东政法大学知识产权博士后，曾经在美国华盛顿大学法学院做访问学者。现为同济大学国际知识产权学院副教授，同济大学医药法律与知识产权研究中心副主任，中国卫生法学会医药知识产权专业委员会秘书长，上海法学会公共卫生与生命法研究会副秘书长，以及中国药学会医药知识产权研究专业委员会委员，对生物医药领域的知识产权有很深的造诣和研究。相信本书的出版一定能够对我国生物医药知识产权实务人员提供有益的参考。

中国药学会医药知识产权研究专业委员会名誉主委　张清奎

2024 年 12 月

目录

001 | **案例一　生物序列权利要求得到说明书支持的判断**
　　　——江苏博立生物制品有限公司诉国家知识产权局专利复审委员会发明专利权无效行政纠纷再审案

013 | **案例二　药品制备方法专利侵权纠纷中被侵权药品制备工艺的查明**
　　　——上诉人礼来公司与上诉人常州华生制药有限公司侵害发明专利权纠纷案

020 | **案例三　药品标准必要专利的侵权判断**
　　　——北京四环制药有限公司诉齐鲁制药有限公司侵害发明专利权纠纷案

028 | **案例四　药品晶型专利新颖性和创造性判断**
　　　——上海宣创生物科技有限公司诉国家知识产权局专利复审委员会专利权无效行政纠纷案

040 | **案例五　化学领域产品发明说明书充分公开的判断、确定发明所要解决的技术问题与判断说明书是否充分公开之间的关系和申请日后补交的实验性证据是否可以用于证明说明书充分公开**
　　　——沃尼尔·朗伯有限责任公司与国家知识产权局专利复审委员会等发明专利权无效行政纠纷案

052 | 案例六　技术方案中产品权利要求与方法权利要求创造性评判之间的关系
　　　——广东天普生化医药股份有限公司与国家知识产权局专利复审委员会、第三人张亮发明专利权无效行政纠纷案

057 | 案例七　将某种处方已知的药物由某常规剂型改换为另一种剂型创造性的判断
　　　——北京亚东生物制药有限公司诉国家知识产权局专利复审委员会发明专利权无效行政纠纷案

064 | 案例八　仅体现于用药行为中的特征对权利要求保护的制药方法是否具有限定作用
　　　——卡比斯特制药公司诉国家知识产权局专利复审委员会发明专利权无效行政纠纷案

074 | 案例九　马库什权利要求的创造性判断方法和对马库什权利要求修改的限制
　　　——国家知识产权局专利复审委员会与北京万生药业有限责任公司、第一三共株式会社发明专利无效行政纠纷案

081 | 案例十　补充实验数据是否被接受
　　　——阿斯利康（瑞典）有限公司与国家知识产权局专利复审委员会发明专利无效行政纠纷案

090 | 案例十一　用微生物保藏编号限定的权利要求的侵权判定
　　　——天津绿圣蓬源农业科技开发有限公司等与上海丰科生物科技股份有限公司侵害发明专利权纠纷上诉案

| 097 | **案例十二　植物新品种保护范围的判断**
　　——蔡新光、广州市润平商业有限公司侵害植物新品种权纠纷二审民事纠纷案

| 104 | **案例十三　药品专利反向支付协议的反垄断审查**
　　——阿斯利康有限公司诉江苏奥赛康药业有限公司侵害发明专利权纠纷案

| 116 | **案例十四　中药组合物专利的创造性判断**
　　——罗世琴诉国家知识产权局发明专利申请驳回复审行政纠纷案

| 124 | **案例十五　物质第二医药用途专利的创造性判断**
　　——诺华股份有限公司诉国家知识产权局专利无效行政纠纷再审案

| 136 | **案例十六　植物新品种销售行为的认定和惩罚性赔偿的适用**
　　——江苏亲耕田农业产业发展有限公司诉江苏省金地种业科技有限公司侵害植物新品种权纠纷上诉案

| 147 | **案例十七　药品集采挂网是否构成许诺销售行为**
　　——勃林格殷格翰制药两合公司诉宜昌东阳光长江药业股份有限公司专利侵权纠纷案

| 156 | **案例十八　非新产品方法专利侵权诉讼举证责任分配**
　　——莱阳市恒基生物制品经营有限公司、山东归源生物科技有限公司等侵害发明专利权纠纷民事二审案

166 **案例十九　专利行政诉讼中新证据的审查**
——四川新绿色药业科技发展有限公司与国家知识产权局、广东一方制药有限公司发明专利权无效行政纠纷案

173 **案例二十　药品专利链接案件权利要求比对对象**
——中外制药株式会社与温州海鹤药业有限公司确认是否落入专利权保护范围纠纷案

案例一 生物序列权利要求得到说明书支持的判断

——江苏博立生物制品有限公司诉国家知识产权局专利复审委员会发明专利权无效行政纠纷再审案

【案例问题】

按照《专利审查操作规程》(2011)的规定,在生物技术领域,如果用同源性、同一性、取代、缺失或添加,或者杂交方式限定的生物序列产品权利要求中,虽包含功能性限定,但说明书中并未列举相应的生物序列,则该权利要求得不到说明书支持。对于保护主题为生物序列的权利要求,使用来源限定、同源性和功能限定的方式是否可以得到说明书的支持呢?

【当事人】

再审申请人(一审被告、二审上诉人):国家知识产权局专利复审委员会。

再审申请人(一审第三人、二审上诉人):诺维信公司。

被申请人(一审原告、二审被上诉人):江苏博立生物制品有限公司。

【案情简介】

再审申请人国家知识产权局专利复审委员会(以下简称专利复审委员会)[①]、诺维信公司因与被申请人江苏博立生物制品有限公司(以下简称博立

[①] 2019年,国家知识产权局专利复审委员会更名为国家知识产权局专利局复审和无效审理部。——编者注

公司）发明专利权无效行政纠纷一案，不服北京市高级人民法院（以下简称二审法院）（2014）高行（知）终字第3524号行政判决，向最高人民法院申请再审。

本案涉及国家知识产权局于2006年6月28日授权公告的名称为"热稳定的葡糖淀粉酶"的发明专利，专利号为98813338.5，申请日为1998年11月26日，专利权人为诺维信公司。专利复审委员会针对本专利作出第17956号无效宣告请求审查决定（以下简称第17956号决定），第17956号决定经过一审、二审和再审程序的审查。在再审程序中，双方当事人的争议焦点为诺维信公司修改后的权利要求10、11和权利要求13、14引用权利要求12（a）(b)的技术方案是否得到说明书支持以及是否具备创造性。

2011年7月1日，博立公司和山东隆大生物工程有限公司分别请求宣告本专利授权公告时的权利要求1-28无效，其主张的无效理由、事实和范围均相同，包括本专利违反2008年修订的《专利法》第33条、第26条第4款、第26条第3款、第22条第3款和2010年修订的《专利法实施细则》第20条第1款。在无效审查程序中，诺维信公司于2011年11月10日提交了经修改的权利要求书。专利复审委员会在此基础上作出第17956号决定，第17956号决定宣告权利要求1-9，12，权利要求13、14中引用权利要求12（d）、(e)和（f）的技术方案，权利要求15-25、27-29中引用权利要求1-9、12的技术方案，以及权利要求15-25、27-29中引用权利要求13、14，并由此间接引用权利要求12（d）、(e)和（f）的技术方案无效，在权利要求10、11和26，权利要求13、14中引用权利要求12（a）(b)的技术方案、权利要求15-25、27-29中引用权利要求10、11的技术方案，以及权利要求15-25、27-29中引用权利要求13、14，并由此间接引用权利要求12（a）(b)的技术方案的基础上继续维持本专利有效。

博立公司不服第17956号决定，向北京市第一中级人民法院（以下简称一审法院）提起行政诉讼，其起诉理由主要包括：（一）权利要求10、11得不到说明书的支持。（二）权利要求13、14引用权利要求12（a）(b)的技术方案得不到说明书的支持。

【法院判决】

一审法院认为，涉案专利修改后权利要求 6 的 SEQ ID NO: 7 为氨基酸序列，由 591 个氨基酸构成，说明书并未对与 SEQ ID NO: 7 序列同源性为 99% 的其他氨基酸序列能否保持在较热环境下仍能稳定地将淀粉转化为葡萄糖的功能给出充足的实验数据，因此权利要求 6 中有关同源性限定的内容得不到说明书的支持。

涉案专利修改后的权利要求 10 限定了 SEQ ID NO: 7 序列来源的具体菌属和菌株，权利要求 11 限定了具体菌株的国际保藏号。因权利要求 10、11 从属于权利要求 6，故权利要求 10、11 也包含了权利要求 6 中有关同源性的限定内容。权利要求 10、11 虽然限定了具体的菌株及其保藏号，但仍未克服其引用的权利要求 6 中的同源性限定得不到说明书支持的缺陷，同样不符合《专利法》第 26 条第 4 款的相关规定。修改后的权利要求 12 不能得到说明书的支持，不符合《专利法》第 26 条第 4 款的规定；权利要求 13、14 所引用的权利要求 12 中的上述序列能否维持原特定生物活性，涉案说明书未给出任何实验数据。因此，一审法院作出行政判决：一、撤销第 17956 号决定；二、专利复审委员会就博立公司针对本专利所提出的无效宣告请求重新作出审查决定。

二审法院认为，涉案专利说明书未对权利要求 6 中的由 591 个氨基酸构成的 SEQ ID NO: 7 序列中维持该序列特定生物活性的保守氨基酸进行限定，未对与 SEQ ID NO: 7 序列同源性为 99% 的其他氨基酸序列能否保持在较热环境下仍能稳定地将淀粉转化为葡萄糖的功能给出充足的实验数据，因此权利要求 6 中有关同源性限定的内容得不到说明书的支持。修改后的权利要求 10、11 从属于权利要求 6，本领域技术人员无法得知，在该序列库中，哪些序列具备葡糖淀粉酶活性，哪些序列不具备葡糖淀粉酶活性。专利复审委员会及诺维信公司均未提交证据证明 T. emersonii 菌的所有个体都是具备葡糖淀粉酶活性的，也就不能因为其限定为 T. emersonii 菌来源，就必然会具备葡糖淀粉酶活性。因此，源于 T. emersonii 菌的不同菌株，与 SEQ ID NO: 7 序列同源性达到 99% 的序列是一个数目庞大的序列库，本领域技术人员不经过创造性劳动，则无法判断哪些序列具备葡糖淀粉酶活性，本领域技术人员需要通过过度劳动才能确定哪些氨基酸是起到特定生物活性的保守氨基酸。权利要求10、11仍未克服其引用的权利要求6中的同源性限定得不到说明书支持的缺陷，同样不符合《专利法》第26条第4款的相关规定。因此，二审法院作出行政判决：驳回上诉，维持一审判决。

最高院认为，涉案专利权利要求10是权利要求6的从属权利要求，权利要求11是权利要求10的从属权利要求。对于全长591个氨基酸的SEQ ID NO:7而言，尽管与之具有99%以上同源性的序列仍有约5、6个氨基酸位点的差异，但是，除了同源性特征之外，从属权利要求10还进一步限定所述的酶源于T. emersonii菌种，权利要求11甚至进一步限定所述酶源于特定的菌株即T. emersonii CBS 793.97。同一种真菌或同一株真菌编码其体内某种酶的基因序列一般是确定的，偶尔会存在极少数同源性极高的变体序列，相应地，由该基因编码的酶也是确定的或者极少数的。本案中，99%以上同源性与菌种或者菌株来源的双重限定已经使得权利要求10、11的保护范围限缩至极其有限的酶，权利要求10、11还包括权利要求6所限定的酶的等电点和具有葡糖淀粉酶活性的功能。因此，在说明书实施例1-4已经证实了上述SEQ ID NO:7具有葡糖淀粉酶活性的情况下，权利要求10、11的保护范围能够得到说明书的支持，符合《专利法》第26条第4款的规定。同样，权利要求13、14中引用权利要求12（a）（b）的技术方案也能够得到说明书的支持，符合《专利法》第26条第4款的规定。因此，最高人民法院认为：一审、二审判决认定事实和适用法律存在错误，第17956号决定的结论并无不当。撤销一审和二审法院的行政判决，维持国家知识产权局专利复审委员会第17956号无效宣告请求的审查决定。

【案例评析】

本案是2016年中国法院十大知识产权案件，涉及生物序列权利要求是否得到说明书支持的判断。该案例作为生物序列权利要求得到说明书支持判断方面的经典案例，对今后类似案件的审查有重要的指导意义，同时对生物序列权利要求的审查和撰写有重要的借鉴意义。本案的焦点问题在于：涉案权利要求10、11，权利要求13、14中引用权利要求12（a）（b）的技术方案是否符合《专利法》第 26 条第 4 款及第 22 条第 3 款的规定。在无效宣告决定中，专利复审委员会认为权利要求 10、11 能够得到说明书的支持，权利要求 13、14 中引用权利要求 12（a）（b）的技术方案也能够得到说明书的支持，均符合《专利法》第 26 条第 4 款的规定。尽管一审和二审法院对此问题有不同的理解，但都撤销了无效宣告决定，最高院再审时支持了专利复审委员会的观点，从而在生物序列是否得到说明书支持这个问题上尘埃落地。

一、权利要求 10、11 是否符合《专利法》第 26 条第 4 款的规定

《专利法》第 26 条第 4 款规定，权利要求书应当以说明书为依据，说明要求专利保护的范围。权利要求书应当以说明书为依据，是指权利要求应当得到说明书的支持。权利要求书中的每一项权利要求所要求保护的技术方案应当是所属技术领域的技术人员能够从说明书充分公开的内容中得到或概括得出的技术方案，并且不得超出说明书公开的范围。如果权利要求的概括包含申请人推测的内容，而其效果又难以预先确定和评价，应当认为这种概括超出了说明书公开的范围。如果权利要求的概括使所属技术领域的技术人员有理由怀疑该上位概念所包含的一种或多种下位概念或选择方式不能解决发明或者实用新型的技术问题和达到相同的技术效果，则应当认为该权利要求没有得到说明书的支持。

权利要求 6：一种具有葡糖淀粉酶活性的分离的酶，与 SEQ ID NO: 7 中所示全长序列之间同源的程度至少为 99%，并且具有由等电聚焦测定的低于 3.5 的等电点。

权利要求 10：根据权利要求 6-9 任一项分离的酶，所述的酶源于丝状真菌 Talaromyces 属，其中丝状真菌是 T. emersonii 菌株。

权利要求 11：权利要求 10 的酶，其中丝状真菌是 T. emersonii CBS 793.97。

三者之间的相互关系是，权利要求 10 是权利要求 6 的从属权利要求，权利要求 11 是权利要求 10 的从属权利要求。

按照《专利审查指南》(2010) 的规定，产品通常用产品的结构特征来表征；当无法用结构特征清楚表征时，允许借用物理或化学参数表征；当无法用结构、参数表征时，允许借助方法特征表征；尽量避免用功能或效果特征来表征。基因作为产品，比如，一种 DNA 分子，权利要求中直接限定其碱基序列，如果是结构基因可采用其编码的蛋白质的氨基酸序列进行限定；或者用保藏单独的保藏号限定；或者以所述基因的功能、理化特性、起源或来源、制备方法等描述，不过实践中一般不提倡用这种方法。说明书中需要记载基因的碱基序列；在无法描述其结构的情况下，应描述其相应的物理化学参数，生物学特性和（或）制备方法，例如分子量、分子类型、几何结构及来源等。说明书不仅需要记载基因的碱基序列，描述该 DNA 序列（基因）具有的功能或用途，同时，还需要提供证实所述 DNA 序列具有所述功能或用途的生物学实验。

按照《专利审查指南》(2010)，在生物技术领域，申请人往往基于一个具体的多肽（蛋白质）或基因，以序列的同源性、同一性、取代、缺失或添加，或者杂交的限定方式请求保护一个非常宽泛的范围，此时应当判断相关权利要求是否得到说明书的支持。

按照《专利审查操作规程》（2011）的规定，如果用同源性、同一性、取代、缺失或添加，或者杂交方式限定的生物序列产品权利要求中，虽包含功能性限定，但说明书中并未列举相应的生物序列，则该权利要求得不到说明书支持，如果说明中列举了相应的生物序列，则需要判断根据该实例能否合理预测出权利要求中请求保护的范围。序列结构的差异，会导致功能的改变或缺失。因此，对于一种基因或蛋白质来说，要确定除了其本身之外，是否还存在衍生序列能够具有相同的功能，需要相应证据支持。如果用同源性、取代、缺失或添加，或者杂交方式来限定请求保护的核酸分析，该核酸分子与原基因具有一定的序列结构相似性，当然同时也存在一定的序列结构差异；不考虑密码子简并性的影响，核酸序列的变化对导致其所编码氨基酸序列的变化，从而影响编码多肽的空间结构和功能；如果存在其他用同源性、取代、缺失或添加，或者杂交方式限定的核酸分析，能够编码具有酶 A 活性的多肽，这需要实验证据加以验证，需要在说明书中体现。

细菌是一种具有细胞壁的单细胞微生物，对于细菌而言，最重要、最基本的单元是属、种。种是生物分类学的基础，是生物分类中的基本单位，也是微生物学分类的最基本单元。在微生物学中，种是一群性质相似的菌株。菌株是不同来源的某一种细菌的纯培养物，也就是说，同一种细菌在遗传上是相同的细胞群体或克隆，通常在某些基本特征上，这个群体中的个体彼此显示出高度的相似性，而与另一种的个体在许多独立的特征方面又表现不同。

在本案中，权利要求6限定的一种具有葡糖淀粉酶活性的分离的酶，与全长为591个氨基酸的多肽、序列如SEQ ID NO:7之间同源的程度至少为99%，并且具有由等电聚焦测定的低于3.5的等电点。权利要求10限定的是与之具有99%以上同源性的序列，虽然有99%的同源，但仍有约5、6个氨基酸位点的差异。除了同源性特征之外，从属权利要求10还进一步限定所述的酶源于T. emersonii菌株，权利要求11从属于权利要求10，同时还进一步限定所述酶源于特定的菌种即T. emersonii CBS 793.97。可见，权利要求10保护的序列，与SEQ ID NO:7的同源性达到99%以上，限定为源于丝状真菌Talaromyces属，其中丝状真菌是T. emersonii菌株。权利要求11保护的序列，与SEQ ID NO:7的同源性达到99%以上，来源是特定的丝状真菌T. emersonii CBS 793.97。

对于同一种真菌或同一株真菌编码其体内某种酶的基因序列一般是确定的，尽管偶尔会存在极少数同源性极高的变体序列，但氨基酸的突变并不是任意的，而是有限的。相应地，由该基因编码的酶也是确定的或者极少数的。权利要求10中限定了99%的同源性，限定了特定的菌株，同时还有等电点的限定和葡糖淀粉酶活性的功能限定。权利要求11中限定了99%同源性，限定了来自特定的菌种，同时还有等电点的限定和葡糖淀粉酶活性的功能限定。通过上述限定后，满足要求的序列非常有限。甚至更可能仅仅是SEQ ID NO:7本身，在说明书实施例1－4记载了T. emersonii CBS 793.97中的葡糖淀粉酶序列为蛋白质序列SEQ ID NO:7。最高法院认定，采用同源性、功能和来源限定的权利要求10、11已经得到说明书的支持。对于蛋白质的权利要求，采用序列同源性、来源限定和功能限定，通过这些特征的限定后，氨基酸的序列数量非常有限，根据说明书公开的内容可以预测这些序列实现发明目的，达到预期技术效果，得到说明书的支持。

二、权利要求 13、14 引用权利要求 12（a）（b）的技术方案是否符合《专利法》第 26 条第 4 款的规定

权利要求 12：一种克隆的 DNA 序列，所述 DNA 序列编码表现出葡糖淀粉酶活性的酶，该 DNA 序列包括：

（a）在 SEQ ID NO: 33 中所示 DNA 序列的所述葡糖淀粉酶编码部分；

（b）在 SEQ ID NO: 33 中第 649-2724 位中所示的 DNA 序列或其互补链；

或（d）在中等严格性的条件下，与包括 SEQ ID NO: 33 中第 649-2724 位中所示序列的双链 DNA 探针杂交的 DNA 序列；

（e）一种 DNA 序列，其中由于遗传密码的简并性，该 DNA 序列与（b）或（f）的序列不杂交但却能编码与由这些 DNA 序列所编码的多肽具有完全相同的氨基酸序列的多肽。

权利要求 13：权利要求 12 的 DNA 序列，其中所述的 DNA 序列源于丝状真菌 Talaromyces 属，其中所述丝状真菌是 T. emersonii 的菌株。

权利要求 14：权利要求 13 的 DNA 序列，其中所述丝状真菌是 T. emersonii CBS 793.97。

涉案专利修改后，权利要求 12 中出现了"包括"，因此该权利要求属于开放式权利要求，也就是说，在该权利要求涉及的 SEQ ID NO: 33，或者该序列中第 649-2724 位所示的 DNA 序列或其互补链的一端或两端还可以再添加任意数目和种类的核苷酸，添加其他的核苷酸序列后，仍需要具有本发明所述的"在较热环境下能稳定地将淀粉转化为葡萄糖"的生物功能。权利要求 13 对权利要求 12 的序列进行了进一步限定，限定所述的 DNA 序列源于丝状真菌 Talaromyces 属，其中所述丝状真菌是 T. emersonii 的菌株。权利要求 14 对权利要求 13 再进一步限定，进一步限定了特定菌株，所述丝状真菌是 T. emersonii CBS 793.97。

权利要求 13 和权利要求 14 都是在权利要求 12 的基础上进一步的限定，权利要求 12 属于开放式的权利要求，其保护的权利要求不限于在 SEQ ID NO: 33 中所示 DNA 序列的所述葡糖淀粉酶编码部分，以及在 SEQ ID NO: 33 中第 649-2724 位中所示的 DNA 序列或其互补链，还包括在其两端或一端添加任

意数目核苷酸而形成的序列，权利要求13进一步限定了所述的DNA序列源于丝状真菌Talaromyces属，其中所述丝状真菌是T. emersonii的菌株。权利要求14对权利要求13再进一步限定，进一步限定了特定菌种，所述丝状真菌是T. emersonii CBS 793.97。权利要求13和权利要求14所限定的权利要求12的DNA序列，来自丝状真菌Talaromyces属，其中所述丝状真菌是T. emersonii的菌株，或者丝状真菌T. emersonii CBS 793.97，包含SEQ ID NO: 33中所示DNA序列，或者在SEQ ID NO: 33中第649 – 2724位中所示的DNA序列或其互补链，具有编码葡糖淀粉酶的活性。

就权利要求13、14而言，还包含功能性的特征，这些核苷酸序列都可以编码表现出葡糖淀粉酶的活性。即使是开放性的权利要求，不限于在SEQ ID NO: 33中所示DNA序列的所述葡糖淀粉酶编码部分，可以在其序列两端或者一端添加任意数目的核苷酸形成其他序列，但是这些序列需源于丝状真菌Talaromyces属，其中所述丝状真菌是T. emersonii的菌株，并且编码表现出葡糖淀粉酶的活性。以及在SEQ ID NO: 33中第649 – 2724位中所示的DNA序列，不限于该序列，可以在其序列两端或者一端添加任意数目的核苷酸形成其他序列，但是这些序列源于丝状真菌T. emersonii CBS 793.97。说明书记载了源于丝状真菌T. emersonii CBS 793.97的酶具有葡糖淀粉酶活性，本发明涉及一种编码显示出本发明葡糖淀粉酶活性的酶的克隆DNA序列，该序列包括了SED ID NO: 33中所示DNA序列的葡糖淀粉酶编码部分，SEQ ID NO: 33中第649 – 2724位中所示的DNA序列或其互补链，本专利发明的葡糖淀粉酶是由SEQ IN NO: 33的第728 – 2724位中的DNA序列编码的。实施例5 – 12采用本领域常规技术手段对T. emersonii CBS 793.97葡糖淀粉酶进行克隆和基因测序，得到基因序列SEQ ID NO: 33。在生物体内，考虑到密码子的简并性，编码特定蛋白质的序列也是一定的。满足要求的序列范围很有限，这些序列是确定的，也是极少数的。在此基础上，本领域技术人员能够预见权利要求13、14引用权利要求12（a）（b）的技术方案中的生物序列均能实现葡糖淀粉酶活性。因此，权利要求13、14中引用权利要求12（a）（b）的技术方案能够得到说明书的支持。

总结：

权利要求 6 限定的是与 SEQ ID NO:7 之间同源的程度至少为 99%，并且具有由等电聚焦测定的低于 3.5 的等电点，没有得到说明书的支持，权利要求 10、11 在权利要求 6 的基础上限定了来源，在同源性、功能和来源限定的基础上，保护范围缩小到了数量极其有限的酶，在说明书实施例 1-4 已经证实了上述 SEQ ID NO:7 具有葡糖淀粉酶活性的情况下，克服了权利要求 6 的瑕疵，能够得到说明书的支持。

权利要求 12 是对核苷酸序列的描述，采用开放式的撰写方式，说明书未给出实验数据支持，该权利要求得不到说明书的支持。权利要求 13、14 在开放式权利要求 12 的基础之上，进一步限定了来源，即在开放式权利要求描述的基因序列 SEQ ID NO:33 之上，再通过功能和来源限定，满足要求的序列是非常有限的，说明书记载了对 T. emersonii CBS 793.97 葡糖淀粉酶进行测序，得到基因序列 SEQ ID NO:33。在此基础上，本领域技术人员能够预见权利要求 13、14 引用权利要求 12（a）（b）的技术方案中的生物序列均能实现葡糖淀粉酶活性，克服了权利要求 12 得不到说明书的支持的缺陷。

【案例启示】

本案涉及如何判断生物序列权利要求是否得到说明书的支持。《专利审查指南》(2010) 第二部分第十章规定："对于涉及基因、载体、重组载体、转化体、多肽或蛋白质、融合细胞和多克隆抗体等的发明，其权利要求可按下面所述进行描述，(1) 直接限定其碱基序列；(2) 对于结构基因，可限定由所述基因编码的多肽或蛋白质的氨基酸序列；(3) 当该基因的碱基序列或其编码的多肽或蛋白质的氨基酸序列记载在序列表或说明书附图中时，可以采用直接参见序列表或附图的方式进行描述；(4) 对于具有某一特定功能，例如其编码的蛋白质具有酶 A 活性的基因，可采用术语"取代、缺失或添加"与功能相结合的方式进行限定；(5) 对于具有某一特定功能，例如其编码的蛋白质具有酶 A 活性的基因，可采用在严格条件下"杂交"，并与功能相结合的方式进行限定；(6) 当无法使用前述五种方式进行描述时，通过限定所述基因的功能、理化特性、起源或来源、产生所述基因的方法等描述基因才可能是允许的。可以看出，对于生物序列的描述，除了 1–5 对基因的五种具体描述方式外，还可以通过限定基因的功能、理化特征、起源或来源、产生所述基因的方法等描述基因。然而，这种补充性描述应当在无法使用前述方法描述的前提下进行。

按照《专利审查操作规程》（2011）的规定，在生物技术领域，如果用同源性、同一性、取代、缺失或添加，或者杂交方式限定的生物序列产品权利要求中，虽包含功能性限定，但说明书中并未列举相应的生物序列，则该权利要求得不到说明书支持。如果说明书中列举了相应的生物序列，则需要判断根据该实例能否合理预测出权利要求中请求保护的范围。可见，如果使用同源性和功能限定，但说明书中未列举相应的生物序列，则该权利要求仍然得不到说明书支持。一般而言，利用同源性加功能的限定，说明书需要对相应的生物序列进行列举来支持权利要求书。因为不论氨基酸序列，还是核苷酸序列，往往与其特定序列有同源性的序列是个数目庞大的序列库。如果氨基酸序列发生相应的变化，尤其是保守氨基酸的变化，都可能会导致原有氨基酸序列功能的丧失。对于核苷酸序列，考虑到密码子的简并性，当核苷酸碱基发生变化后，很可能会引起编码的氨基酸发生变化，导致原有氨基酸序列功能的丧失。因此，即便是本领域技术人员，若不通过创造性劳动，也无法判断哪些序列具有发明中的功能，故需要在说明书中列举相应的生物序列。

在本案中，对于氨基酸序列的权利要求通过同源性、功能和具体清楚的来源限定。如果通过这些特征的限定，包含在权利要求中的氨基酸序列极其有限，且根据专利说明书公开的内容能够预见到这些极其有限的序列都可以实现发明目的，达到预期的技术效果，则权利要求能够得到说明书的支持。如果对于限定功能的核苷酸序列的权利要求，采用开放式的方式描述，若说明书中没有给出实验数据支持，则权利要求得不到说明书的支持。如果在从属权利要求中进一步限定，同时具有功能和具体清楚的来源限定，若通过这些限定后，包含在权利要求中的核苷酸序列是有限的，并且根据专利说明书中记载的内容，能够预见到这些有限的核苷酸序列都可以实现发明目的，达到预期的效果，则权利要求可以得到说明书的支持。

对于氨基酸序列通过同源性、功能和清楚具体的来源进行限定，核苷酸序列在引用开放式权利要求的基础上，通过功能和清楚具体的来源限定，这些序列都是极其有限的序列，而非一个数目众多的序列库。说明书中，特别在具体实施例中，一定要有具体的序列信息，并且有序列的具体功能来支撑。只有在说明书的基础上，本领域技术人员不需要过度劳动就能预见这些有限的核苷酸序列都可以实现发明目的，达到预期的效果，则权利要求可以得到说明书的支持。

案例二　药品制备方法专利侵权纠纷中被侵权药品制备工艺的查明

——上诉人礼来公司与上诉人常州华生制药有限公司侵害发明专利权纠纷案

【案例问题】

根据《专利法》第61条第1款的规定，专利侵权纠纷涉及新产品制造方法的发明专利的，制造同样产品的单位或者个人应当提供其产品制造方法不同于专利方法的证明。如果被控侵权人有能力提交，但实际未提供相关证明，应当依法承担举证不能的法律后果。在药品制备方法专利侵权纠纷中，被诉侵权药品在药监部门的备案工艺是否可以作为实际制备工艺与涉案方法专利进行比对呢？

【当事人】

上诉人（一审原告）：礼来公司（Eli Lilly and Company）（又称伊莱利利公司）。

上诉人（一审被告）：常州华生制药有限公司。

【案情简介】

礼来公司拥有涉案91103346.7号方法发明专利，使用涉案专利方法制备的药物奥氮平为新产品。礼来公司认为常州华生制药有限公司（以下简称华生公司）使用落入涉案专利权保护范围的制备方法生产药物奥氮平并面向市场销售，侵犯其专利权。2003年9月29日，礼来公司向江苏省南京市中级人民法院起诉华生公司侵害本案涉案专利权（以下称前案），该院于 2008 年 4 月 7 日作出（2004）宁民三初字第 029 号民事判决，驳回礼来公司的诉讼请求。礼来公司不服，提起上诉，江苏省高级人民法院（以下简称江苏高院）于 2011 年 12 月 19 日作出（2008）苏民三终字第 0241 号终审判决，撤销一审判决，判令华生公司停止使用涉案专利权利要求 1 中的方法（a）生产奥氮平，并赔偿礼来公司经济损失人民币 50 万元。但是，在前案起诉日（2003 年 9 月 29 日）至涉案专利权有效期届满日（2011 年 4 月 24 日）期间，华生公司的侵权行为一直在持续。为此，礼来公司 2013 年 7 月 25 日向江苏高院提起本案诉讼，江苏高院判定华生公司构成侵权并赔偿损失，礼来公司和华生公司均不服江苏高院于 2014 年 10 月 14 日作出的（2013）苏民初字第 0002 号民事判决，向最高人民法院提起上诉。

【法院判决】

江苏高院一审认为，从华生公司提交的国家药监局 2010 年《药品补充申请批件》的审批结论、《奥氮平药品补充申请注册资料》中关于变更生产工艺的说明及解释内容看，2010 年《药品补充申请批件》中涉及的溶剂、试剂等的变更，其主要目的是增加生产安全性、节约成本和降低杂质等，并未表明生产工艺的实质性变更。同时，华生公司虽提交了生产记录、生产规程和《药品补充申请批件》等证据，以证明其使用的是 2008 年备案的生产工艺，但一方面，华生公司并未明确指出何种具体工艺的变更克服了 2003 年备案工艺中的哪些缺陷，从而导致其生产工艺发生实质性变更，进而证明 2008 年备案工艺具有可行性；另一方面，华生公司亦未证明其提交的生产记录、生产规程与 2008 年备案工艺相一致。因此，根据现有证据，华生公司关于其不侵权的抗辩主张不能成立，其生产奥氮平的方法确实落入了涉案方法专利权的保护范围。据此，法院判决华生公司于判决生效之日起十日内一次性赔偿礼来公司经济损失及为制止侵权支出的合理费用人民币计 350 万元；驳回礼来公司的其他诉讼请求。

最高人民法院二审认为，华生公司 2008 年的补充备案工艺真实可行，从 2003 年至涉案专利权到期日期间，华生公司一直使用 2008 年补充备案工艺的反应路线生产奥氮平。将华生公司奥氮平制备工艺的反应路线和涉案方法专利进行对比，可以看出华生公司的奥氮平制备工艺在三环还原物中间体是否为苄基化中间体以及由此增加的苄基化反应步骤和脱苄基步骤方面，与涉案专利方法是不同的，相应的技术特征并不属于基本相同的技术手段，达到的技术效果也存在较大差异，未构成等同特征。因此，最高人民法院判定华生公司奥氮平制备工艺未落入涉案专利权保护范围，撤销了江苏高院的判决，并驳回礼来公司的诉讼请求。

【案例评析】

本案是药品方法专利侵权的典型案例，也是2018年最高人民法院发布的指导性案例，涉及新产品的制造方法专利侵权问题。在药品制备方法专利侵权纠纷中，若无其他相反证据，应当推定被诉侵权药品在药监部门的备案工艺为其实际制备工艺；若有证据证明被诉侵权药品备案工艺不真实，则应当充分审查被诉侵权药品的技术来源、生产规程、批生产记录、备案文件等证据，依法确定被诉侵权药品的实际制备工艺。本案对于药品制备方法专利侵权纠纷的司法判定具有指导意义。

一、《专利法》中新产品的认定

涉案专利是关于药品奥氮平制备方法的专利。判定被告是否侵权的关键，在于判定被告是否使用了原告专利权利要求中保护的方法，即是否使用了涉案专利权利要求中的方法来生产奥氮平。在涉及新产品的制造方法的专利侵权纠纷中，按照《专利法》第61条第1款的规定，专利侵权纠纷涉及新产品制造方法的发明专利的，制造同样产品的单位或者个人应当提供其产品制造方法不同于专利方法的证明。民事诉讼法中举证责任分配的一般原则是谁主张谁举证，然而，在特定条件下，如专利侵权纠纷中，法律会将原本作为原告专利权人承担的举证责任转由被控侵权的被告来承担，即实行举证责任倒置。之所以如此规定，是因为涉及新产品的制造方法专利，其关键在于"新产品"这一概念。为什么只有"新产品"才能实行举证责任倒置呢？原因在于，如果仅仅是产品的制造方法，而这种产品在市面上已经存在，已有的制造方法可能有多种，因此不能直接推定出生产这种产品的制造方法是唯一的。相反，法律推定其制造方法是唯一的，也就是说与新产品相对应的生产方法是唯一的，建立在此基础上，举证责任才可以转给被控侵权的被告来承担，由被告来举证其生产方法不同于原告的专利方法。那么，如何界定《专利法》中的"新产品"呢？

对于"新产品"的认定，曾经有两种不同的观点中。第一种，以"出现"为标准，在专利申请日前在国内市场上没有出现过，也就是说，没有在国内市场上销售过。但这并不能排除没有在国内生产过的可能，因为可能有不止一种的生产方法，很难将"新产品"与其生产方法建立唯一的关系。因此，仅仅因为产品没有在国内市场销售过，就直接推定举证责任倒置，似乎在逻辑上有些牵强。第二种，以"生产出"为判断标准，在专利申请日前没有在国内生产过，也就是说，这种产品是国内首次生产的，法律推定生产方法也是特定的，唯一的。相较于以"出现"为标准，这样更有较充分的逻辑推理来为举证责任倒置奠定基础。笔者更加赞同第二种观点，以"生产出"为判断标准来认定《专利法》中的新产品。在前案一审中，起诉日是2003年9月29日，礼来公司主张涉案方法生产的奥氮平属于新产品，并提供了相应的说明，华生公司未能提供证据证明涉案奥氮平在专利申请日前在我国市场上出现过。因此，在没有相反证据的情况下，前案一审法院认定奥氮平属于我国《专利法》所规定的新产品。

2010年《最高人民法院关于审理侵犯专利权纠纷案件应用法律若干问题的解释》第17条规定，产品或者制造产品的技术方案在专利申请日以前为国内外公众所知的，人民法院应当认定该产品不属于《专利法》第61条第1款规定的新产品。2017年北京市高级人民法院《专利侵权判定指南》第112条明确规定，"新产品"是指在国内外第一次生产出的产品，该产品与专利申请日之前已有的同类产品相比，在产品的组份、结构或者其质量、性能、功能方面有明显区别。最高人民法院在（2021）最高法知民终86号案件中明确指出，新产品应当是指在国内外第一次生产出的产品，该产品与专利申请日之前已有的同类产品相比，在产品的组份、结构或者其质量、性能、功能方面有明显区别。笔者非常赞同这种对于新产品的认定方式，以在国内外是否生产出作为判断标准，更能符合法律推定的逻辑基础。目前司法实践中，新产品是指国内外第一次生产出的产品，该产品与专利申请日之前已有的同类产品相比，在产品的组份、结构或者其质量、性能、功能方面有明显的区别。在本案中，起诉日为 2013 年 7 月 15 日，双方当事人对奥氮平为《专利法》中所称的新产品不持异议。回到当时，司法实践中还没有统一新产品以"生产出"为判断标准，笔者推测，对于被告来说，无论是以"出现"为判断标准，还是以"生产出"为判断标准，在奥氮平的认定上均无分歧。

二、当被告在药品监督管理部门备案的生产方法与实际生产方法不一致时，被控侵权比对对象的选择

药品是一种特殊的商品，与人民群众的健康息息相关。药品的研发是一项投入高、风险高、周期长和收益大的复杂过程。药品在上市前，一定经过药品上市注册，包括药物临床试验、药品上市许可、关联审评审批、药品注册核查等环节。申请人在完成支持药品上市注册的药学、药理毒理学和药物临床试验等研究，完成商业规模生产工艺验证等工作后，提出药品上市许可申请，按照申报资料要求提交相关研究资料。如果综合审评结论通过，批准药品上市，同时经过核准的药品生产工艺、质量标准等作为药品注册证书的附件一并发给申请人。我国《药品生产监督管理办法》第 16 条规定，如果变更药品注册证书及其附件载明的内容，由省、自治区、直辖市药品监督管理部门批准后，报国家药品监督管理局药品审评中心更新药品注册证书及其附件相关内容。第 43 条规定，药品上市许可持有人应当按照药品生产质量管理规范的要求对生产工艺变更进行管理和控制，并根据核准的生产工艺制定工艺规程。生产工艺变更应当开展研究，并依法取得批准、备案或者进行报告，接受药品监督管理部门的监督检查。根据《药品管理法》第 44 条的规定，药品应当按照国家药品标准和经药品监督管理部门核准的生产工艺进行生产。《药品注册管理办法》第 39 条规定，药品批准上市后，持有人应当按照国家药品监督管理局核准的生产工艺和质量标准生产药品，并按照药品生产质量管理规范要求进行细化和实施。由此可见，药品生产企业生产特定药品时，必须要按照向药品监督管理部门提交审核，经过核准的药品生产工艺、质量标准等进行生产的。然而，如果企业在实际生产过程中变更了生产工艺，那么在药品专利侵权案件中，当被控侵权药品备案的生产方法与实际生产方法不一致时，应将专利权利要求保护的技术方案与何种技术方案进行比对呢？

当原告提起药品专利侵权诉讼时，通常主张被控侵权的药品多出现在商品流通环节，原则上药企都是按照经过药品监督管理部门核准的生产工艺、质量标准等内容进行生产的，在没有相反证据的情况下，应当推定被诉侵权药品是按照药品监督管理部门的备案工艺进行生产的，在药品监督管理部门的备案工艺为实际生产工艺。因此，在专利侵权技术方案比对时，是用向药品监督管理部门备案的生产工艺和专利权利要求保护的技术方案进行比对。但是，若原告有证据证明被告向药品监督管理部门备案的生产工艺不真实，且被控侵权的药品并不能按照向药品监督管理部门备案的生产工艺生产出来，此时就不能再用向药品监督管理部门备案的生产工艺和专利权利要求保护的技术方案进行比对，而应当用被控侵权药品的实际生产工艺与专利权利要求保护的技术方案进行比对。在法院庭审的过程中，需要审查被控侵权药品的技术来源、生产规程、批生产记录、备案的工艺反应路线、现场的核查报告等证据，形成完整的证据链来确定被控侵权药品的实际制备工艺。

三、新产品制造方法专利侵权中，被告负有举证的责任，如果不能完成举证的义务，要承担不利的法律后果

发明专利包括产品发明和方法发明。产品发明保护的仅仅为产品，而方法发明保护该方法，同时延及由此方法制造出的产品。在涉及方法侵权的纠纷中，如果是新产品的制造方法，按照《专利法》第61条的规定，专利侵权纠纷涉及新产品制造方法的发明专利的，制造同样产品的单位或者个人应当提供其产品制造方法不同于专利方法的证明。也就是说，如果涉及新产品的制造方法专利，举证责任是倒置的，应当由被告举证证明自己使用的方法不同于专利保护的方法，证明没有侵犯原告的专利权。在本案中，江苏高院一审时认为华生公司在生产工艺方面的前后陈述不一致，同时上海市科技咨询服务中心依据华生公司2003年备案工艺所作的技术鉴定报告，认为奥氮平的关键反应步骤缺乏真实性，该备案的生产工艺不可行，同时被告华生公司没有尽到举证责任，因此应承担不利后果。在最高人民法院的二审中，被告提供的证据表明，华生公司一直使用2008年补充备案工艺的反应路线来生产奥氮平。

法院对比了华生公司奥氮平制备工艺的反应路线和涉案方法专利，发现二者的区别在于反应步骤不同，关键中间体不同。《最高人民法院关于审理专利纠纷案件适用法律问题的若干规定》第17条第2款规定："等同特征，是指与所记载的技术特征以基本相同的手段，实现基本相同的功能，达到基本相同的效果，并且本领域普通技术人员在被诉侵权行为发生时无需经过创造性劳动就能够联想到的特征。"本案中，华生公司奥氮平制备工艺使用的三环还原物的胺基是被苄基保护的，而涉案专利的反应路线中并未对三环还原物中的胺基进行苄基保护，从而不存在相应的苄基化反应步骤和脱除苄基的反应步骤。苄基保护的三环还原物中间体与未加苄基保护的三环还原物中间体为不同的化合物，二者在化学反应特性上存在差异；涉案专利的方法中不存在取代反应前后的加苄基和脱苄基反应步骤。两个技术方案在反应中间物和反应步骤上的差异较大；华生公司的奥氮平制备工艺由于增加了加苄基和脱苄基步骤，导致终产物收率方面有所减损，而涉案专利由于不存在加苄基保护步骤和脱苄基步骤，收率不会因此下降。因此，华生公司使用的被苄基保护的三环还原物的胺基和原告专利步骤中的未进行苄基保护的三环还原物中的胺基不构成等同特征。综上，华生公司的奥氮平生产工艺未落入涉案专利权保护范围。

【案例启示】

如果生产的药品被认定为《专利法》意义上的新产品，被告负有举证义务，需要提供证据来证明自己使用的生产方法不同于原告专利权利要求保护的方法。如果被告不能提供充分的证据来证明，要承担举证不能的不利后果。涉及新产品制造方法专利侵权案例中，如果被告有证据可以充分证明其使用的方法不同于涉案专利所保护的方法，且证据中涉及商业秘密的，被告应尽力配合法院，在保留最核心商业秘密的前提下，把与涉案专利方法不同的步骤进行举证，以避免最终被判定侵权的风险。

案例三　药品标准必要专利的侵权判断

——北京四环制药有限公司诉齐鲁制药有限公司
侵害发明专利权纠纷案

【案例问题】

《国家标准涉及专利的管理规定（暂行）》第14条规定，强制性国家标准一般不涉及专利。同时第10条明确，对于被纳入非强制性国家标准的普通标准必要专利，其专利权人需要履行"公平、合理、无歧视"原则的许可义务，否则国家标准不得包括基于该专利的条款。根据《标准化法》及《药品管理法》的规定，由国家药品监督管理总局发布、国家药典委员会审定的关于药品的国家标准属于强制性标准。目前，药品管理和注册的相关法律法规没有规定药品专利权人在配合制定国家药品标准时，对其药品专利的许可使用作出"公平、合理、无歧视"承诺。一旦药品专利被纳入国家标准，成为药品标准必要专利，那么药品标准必要专利的许可是否适用"公平、合理、无歧视"原则？药品专利权人是否应当负有"公平、合理、无歧视"的许可义务？

【当事人】

再审申请人（一审被告、二审上诉人）：齐鲁制药有限公司。

被申请人（一审原告、二审上诉人）：北京四环制药有限公司。

【案情简介】

北京四环制药有限公司（以下简称四环公司）系第201110006357.7号

"一种安全性高的桂哌齐特药用组合物及其制备方法和其应用"（以下简称357号专利）和200910176994.1号"桂哌齐特氮氧化物、其制备方法和用途"发明专利（以下简称994号专利）的专利权人。357号专利的申请日为2009年11月13日，授权公告日为2012年1月11日。2015年12月14日，齐鲁公司向国家知识产权局专利复审委员会（以下简称专利复审委员会）就该专利提出了无效宣告请求。2016年5月24日，四环公司主动对权利要求书进行了修改，删除原权利要求6中的"甲磺酸盐"和"对甲苯磺酸盐"。2016年9月6日，专利复审委员会作出第29876号无效宣告请求审查决定书，在四环公司于2016年5月24日提交的权利要求1-10项的基础上维持第357号发明专利有效。994号专利的申请日为2009年9月29日，授权公告日为2011年6月1日，该专利目前处于有效状态。

2015年11月齐鲁制药有限公司（以下简称齐鲁公司）将马来酸桂哌齐特注射液产品报送参加了内蒙古自治区药品集中采购，同时齐鲁公司在鄂尔多斯市销售了涉案产品，四环公司认为，其制造的马来酸桂哌齐特原料药、注射液产品落入了357号专利的保护范围，其制造、使用桂哌齐特氮氧化物并将其作为对照品落入了994号专利的保护范围。四环公司向呼和浩特市中级人民法院起诉，主张被告齐鲁制药侵权其专利权，要求齐鲁制药停止侵权，赔偿损失。在侵权诉讼案件审理过程中，齐鲁公司提交了"现有技术抗辩"证据，用于证明994号专利保护的桂哌齐特氮氧化物属于现有技术公开的化合物。同时齐鲁公司主张涉案专利属于标准必要专利，应当适用最高院《关于审理侵犯专利权纠纷案件应用法律若干问题的解释（二）》第24条的规定，即如果四环制药未尽到"披露义务"和"公平、合理、无歧视"的许可义务，则不能请求禁令救济。呼和浩特市中级人民法院没有支持齐鲁公司的现有技术抗辩和标准必要专利抗辩，判定齐鲁公司专利侵权行为成立，停止制造桂哌齐特氮氧化物、停止使用桂哌齐特氮氧化物作为对照品；停止制造、使用涉案马来酸桂哌齐特原料药产品，停止制造、许诺销售涉案马来酸桂哌齐特注射液产品；并赔偿损失。四环公司和齐鲁公司均不服一审判决，向内蒙古自治区高级人民法院（以下简称二审法院）上诉。二审法院基本支持了一审法院的观点，齐鲁公司侵犯了四环公司的357号专利和994号专利权，齐鲁公司的"标准必要专利抗辩"不能成立。齐鲁公司不服二审判决，向最高人民法院（以下简称最高院）申请再审。

【法院判决】

一审法院认为，齐鲁公司制造的马来酸桂哌齐特原料药产品、注射液产品落入了357号专利的保护范围，制造的桂哌齐特氮氧化物产品落入了994号专利权利要求1的保护范围，利用其制造的桂哌齐特氮氧化物作为对照品落入了994号专利权利要求15的保护范围判定齐鲁公司的专利侵权行为成立。一审法院同时认定纳入357号专利和994号专利相关技术方案的马来酸桂哌齐特国家药品标准是强制性标准，不适用《关于审理侵犯专利权纠纷案件应用法律若干问题的解释（二）》第24条的规定，支持四环公司提出的禁令请求。

二审法院认为，一审判决认定被控侵权产品已经落入357号专利和994号专利的保护范围并无不当。对于齐鲁公司提出的现有技术抗辩，二审法院认为，现有技术的抗辩应限于被控侵权产品实施的技术方案是否为现有技术的问题，齐鲁公司不能证明其实施的技术属于455号专利或996号专利及国际公布号为WO2008/139152A1的PCT申请中公开的技术等现有技术，故其提出的现有技术抗辩均不能成立。二审也支持了一审的观点，涉案被控侵权马来酸桂哌齐特注射液产品执行药品强制性标准，不适用《最高人民法院关于审理侵犯专利权纠纷案件应用法律若干问题的解释（二）》第24条的规定。

最高院再审认为，齐鲁公司制造的马来酸桂哌齐特原料药、注射液落入357号专利的保护范围，制造的桂哌齐特氮氧化物落入994号专利权利要求1的保护范围，利用其制造的桂哌齐特氮氧化物作为对照品落入了994号专利权利要求15的保护范围。同时齐鲁公司关于现有技术抗辩不能成立，齐鲁公司提供的新的证据也不足以证明被诉侵权产品属于现有技术。齐鲁公司的行为侵害了357号专利和994号专利。同时，最高院也支持了一审、二审的观点，本案不适用"公平、合理、无歧视"原则。最高院驳回了齐鲁公司的再审申请。

【案例评析】

本案涉及药品标准必要专利的问题，该案的一审、二审和最高院的再审判决引发了业界的广泛讨论。齐鲁公司的行为是否侵害357号专利和994号专利，以及涉案药品专利是否适用标准必要专利中的"公平、合理、无歧视"原则是案件审理的焦点问题。

一、齐鲁公司的行为是否侵害357号专利和994号专利

马来酸桂哌齐特，分子式为$C_{26}H_{35}N_3O_9$，主要用于治疗动脉硬化、心绞痛、心肌梗塞等疾病。该药物的原研公司为法国巴黎狄朗药厂，其于1969年在美国提交专利申请并于1972年获得授权。马来酸桂哌齐特于1974年在法国首次上市，随后相继在意大利、日本等国上市，后因造成粒细胞和白细胞减少，而在上述国家陆续退市。

本案中，四环公司请求保护的两项专利为357号专利和994号专利。其中357号专利是组合物专利，药物组合物含有桂哌齐特或其药学上可接受的盐和含量不高于0.5%的式Ⅲ（内容略）所示结构化合物，其中式Ⅲ所示结构的化合物为桂哌齐特氮氧化物。994号专利保护桂哌齐特氮氧化物、制备方法，以及用作制备标准品和对照品的用途等。994号专利是利用杂质氮氧化物作为对照品来定量分析药物组合物中氮氧化物杂质的含量，是一种检测药物杂质的分析技术。

根据国家食品药品监督管理总局批准的齐鲁公司YBH01582015马来酸桂哌齐特原料药标准及YBH01592015马来酸桂哌齐特注射液标准，齐鲁公司制造的马来酸桂哌齐特原料药中桂哌齐特氮氧化物的含量不超过0.05%，制造的马来酸桂哌齐特注射液中桂哌齐特氮氧化物的含量不超过0.15%，且氮氧化物的结构式与994号专利权利要求1及357号专利权利要求1中所记载的化合物的结构式一致。上述工艺中均记载了将桂哌齐特氮氧化物制作成对照品溶液的过程。

齐鲁公司生产和销售的马来酸桂哌齐特药品，是按照国家药品监督管理部门批准的药品注册标准进行生产的。需要注意的是，国家食品药品监督管理总局于2015年批准给齐鲁公司的YBH01582015马来酸桂哌齐特原料药标准和YBH01592015马来酸桂哌齐特注射液标准，并非齐鲁公司申请注册被诉侵权产品时的申报标准，而是根据四环公司参与制定的国家药品标准进行了相应的修改。因此最高院认为，一审、二审法院并没有对被诉侵权产品的成分进行鉴定，而认定落入涉案专利保护范围，并无不当。齐鲁公司在一审、二审阶段也未提交其生产的被诉侵权产品所含桂哌齐特氮氧化物含量为零的证据，其自行作出的检测报告显示被诉侵权产品所含桂哌齐特氮氧化物含量为 0.001%，也在权利要求的保护范围之内。

药品是一种特殊的商品，其生产、上市和销售都要受到严格的监管。根据《标准化法》及《药品管理法》的规定，由国家药品监督管理总局发布、国家药典委员会审定的关于药品的国家标准属于强制性标准。也就是说，被控侵权产品必须满足国家强制性标准才能生产、上市和销售。在司法实践中，如果根据双方证据可以证明涉嫌侵权产品是满足国家强制标准上市销售的，对于技术复杂的产品，也可以省去鉴定步骤而直接判定其是否落入权利要求范围。

二、涉案药品专利是否适用标准必要专利中的"公平、合理、无歧视"原则

《标准化法》（2018年1月1日起施行）第10条规定，对保障人身健康和生命财产安全、国家安全、生态环境安全以及满足经济社会管理基本需要的技术要求，应当制定强制性国家标准。《标准化法实施条例》第18条进一步明确，药品标准属于国家强制性标准。《药品管理法》第28条、第44条和第47条从不同角度分别规定，药品应当符合国家药品标准，按照国家药品标准和经药品监督管理部门核准的生产工艺进行生产，同时药品生产企业应当对药品进行质量检验，不符合国家药品标准的药品不得出厂。药品关系到人民的生命健康安全，由国家统一标准强制执行，旨在最大程度的保障人民的生命健康安全。对于药品生产企业而言，必须满足药品标准才可以生产、上市和销售，但药品标准又是他人的专利。因此，当药品标准和专利权利交织在一起，形成药品标准必要专利时，药品生产企业面临必须实施他人专利才能满足国家标准的困境。如此，药品标准必要专利是否适用标准必要专利中的"公平、合理、无歧视"原则，也就成为人们关注的问题。

《最高人民法院关于审理侵犯专利权纠纷案件应用法律若干问题的解释（二）》第24条第2款规定："推荐性国家、行业或者地方标准明示所涉必要专利的信息，专利权人、被诉侵权人协商该专利的实施许可条件时，专利权人故意违反其在标准制定中承诺的公平、合理、无歧视的许可义务，导致无法达成专利实施许可合同，且被诉侵权人在协商中无明显过错的，对于权利人请求停止标准实施行为的主张，人民法院一般不予支持。"根据该条款的规定，适用该条款应满足：1）推荐性国家、行业或者地方标准明示所涉必要专利；2）专利权人做出过"公平、合理、无歧视"的许可承诺；3）被侵权人无明显过错。可以看出，该条中涉及的专利是推荐性国家、行业或者地方标准，而非国家强制性标准。因此，对于国家强制性标准，是否可以参考适用《最高人民法院关于审理侵犯专利权纠纷案件应用法律若干问题的解释（二）》第24条第2款的规定存在争议，这也成为双方当事人争论的焦点。

本案中，马来酸桂哌齐特原料药和注射液的最新国家标准是在四环公司使用的马来酸桂哌齐特药品标准基础上修订而来的，由国家药典委员会审定，由国家食品药品监督管理总局发布。涉案药品涉及标准属于国家强制性标准。最高院在再审中认为，涉及药品管理和注册的现行法律、行政法规没有要求药品专利权人在配合制定国家药品标准时对药品专利的许可使用作出"公平、合理、无歧视"承诺，同时本案也没有证据证明四环公司在与涉案专利有关的国家药品标准的制订过程中针对涉案专利的许可使用作出过"公平、合理、无歧视"承诺。因此，支持了一审、二审判决关于本案不适用"公平、合理、无歧视"原则的认定结论。

《国家标准涉及专利的管理规定（暂行）》第14条和第15条规定，强制性国家标准一般不涉及专利。确有必要涉及专利，且专利权人或者专利申请人拒绝作出第9条第1项或者第2项规定的专利实施许可声明的，应当由国家标准化管理委员会、国家知识产权局及相关部门和专利权人或者专利申请人协商专利处置办法。也就是说，强制性国家标准确有必要涉及专利，全国专业标准化技术委员会或者归口单位应当及时要求专利权人或者专利申请人作出专利实施许可声明。专利权人或者专利申请人同意在"公平、合理、无歧视"的基础上，可以免费或者收费许可任何组织或者个人在实施该国家标准时实施其专利；如果专利权人拒绝作出许可，应当由国家标准化管理委员会、国家知识产权局及相关部门和专利权人或者专利申请人协商专利处置办法。但目前，国家强制性标准必要专利权人拒绝"公平、合理、无歧视"许可声明时，缺乏明确的处置方法。在药品标准必要专利方面存在的问题有，第一，在药品标准制修订过程中涉及专利的，没有要求专利权人或者专利申请人作出专利实施许可声明。正如本案再审判决中写到的："涉及药品管理和注册的现行法律、行政法规没有要求药品专利权人在配合制定国家药品标准时对药品专利的许可使用作出'公平、合理、无歧视'承诺，本案也没有证据证明四环公司在与涉案专利有关的国家药品标准的制订过程中针对涉案专利的许可使用作出过'公平、合理、无歧视'承诺。"第二，因为在药品专利标准制修订过程中，没有专利权人或者专利申请人作出过专利实施许可的声明，所以当专利权人拒绝作出许可时，国家标准化管理委员会、国家知识产权局及相关部门和专利权人或者专利申请人也就没有办法协商专利处置办法。

目前，在没有协商处置办法的情形下，按照我国古代唐律里的"入罪举轻以明重，出罪举重以明轻"的司法原则，如果一个轻的行为在刑法中都规定为犯罪，那么比它重的行为，即使没有规定，也应当作为犯罪来处理。同理，既然推荐性标准尚且需要专利权人向任何愿意实施的主体作出"公平、合理、无歧视"的许可承诺，那么对于强制性的国家标准，更应当要求专利权人对愿意实施该专利的主体作出"公平、合理、无歧视"的许可承诺。

专利权是一种私权，是平等民事主体之间的权利。然而，药品标准必要专利则带有强制性，属于国家强制标准必要专利，任何生产该药品的企业都必须按照此标准来规范生产。对于仿制药生产企业而言，几乎不可能进行技术规避。一份完整的药品质量标准包括药物的结构、性状、鉴别、检查、含量测定等内容，其中，核心化合物专利、制剂专利、晶型专利、工艺方法专利、鉴定分析专利，甚至包括杂质专利，都与药品质量标准密切相关。

原研药企利用药品专利"常青"策略延长核心药物的专利保护期限，最终延长市场独占期，已经是业内普遍的做法。通常，从最初的核心专利到后续的一些外围专利，都掌握在一家药企手中。如果将同一药品的多个专利都纳入药品标准必要专利，势必过分助长原研药企的市场力量。此外，如果通过行政手段使得多项专利权利叠加，不仅增加了药品专利的许可难度，还导致了高额的许可费用，从而严重阻碍了仿制药的发展。

原研药企研发新药需要投入大量的时间、人力和物力，并且具有高度的风险性。在专利保护期限内，原研药企通常不愿意向其他企业进行许可，目的是获得独占的市场份额，收回前期巨大的投入。如果把药品专利纳入标准必要专利，并要求药品专利权人作出"公平、合理、无歧视"许可，在我国建立药品专利纠纷早期解决机制的前提下，仿制药企可以通过作出二类声明，让仿制药可以尽早上市。但是，这种做法可能会影响原研药企的创新热情，同时，如果不把这些药品专利纳入标准必要专利，可能会影响药品质量。在我国已建立药品专利纠纷早期解决机制的背景下，将哪些药品专利纳入标准必要专利，是个值得思考的问题。另外，2018年国务院办公厅《关于改革完善仿制药供应保障及使用政策的意见》中明确提出，鼓励新药创制和鼓励仿制药研发，二者并重，要提升仿制药质量疗效，同时提高药品可及性。如果将药品专利纳入标准必要专利，药品专利权人是否同意在"公平、合理、无歧视"的基础上进行许可？若拒绝，此时又如何去协调？这些都是值得研究的问题。

案例四　药品晶型专利新颖性和创造性判断

——上海宣创生物科技有限公司诉国家知识产权局专利复审委员会专利权无效行政纠纷案

【案例问题】

晶体发明是化学领域、特别是药物领域中一类特殊的产品发明。本案涉及药物晶体专利的优先权判定、临床试验是否构成专利法意义上的公开，以及药物晶体发明新颖性和创造性判断等医药专利领域的热点和难点问题。现有技术是指申请日以前公众能够得知的技术内容，是否需要区分本领域技术人员能够直接、毫无疑义获得的内容与本领域技术人员根据其掌握的知识和能力显而易见能够推断出的事实？如何判断结构上与已知化学产品相近似的化学产品的创造性？

【当事人】

原告：上海宣创生物科技有限公司。

被告：国家知识产权局专利复审委员会。

第三人：江苏恒瑞医药股份有限公司。

【案情简介】

上海宣创生物科技有限公司（以下简称上海宣创公司）诉北京市百济新特药房有限公司、江苏恒瑞医药股份有限公司（以下简称江苏恒瑞公司）侵害发明专利权，北京知识产权法院于2016年12月21日受理后依法组成合议庭。2017年3月28日，江苏恒瑞公司针对上海宣创公司拥有的名称为"烟酰胺类衍生物的甲磺酸盐 A 晶型及其制备方法和应用"的第 201510398190.1 号发明专利权向国家知识产权局专利复审委员会（以下简称专利复审委员会）提出无效宣告请求。该发明专利申请日为 2015 年 7 月 8 日，优先权日为 2014 年 7 月 8 日，授权公告日为 2016 年 4 月 27 日。

无效宣告的理由主要是，以本专利说明书不符合《专利法》第 26 条第 3 款的规定；权利要求 1-10 得不到说明书的支持，不符合《专利法》第 26 条第 4 款的规定；权利要求 3-10 的优先权不成立；权利要求 1-3 相对于证据 6、权利要求 3 和权利要求 10 相对于证据 2-5、权利要求 4-9 相对于证据 1 不具备《专利法》第 22 条第 2 款规定的新颖性；权利要求 1-10 相对于证据 6 和公知常识的结合，以及权利要求 1-9 相对于证据 6、11 和公知常识的结合不具备《专利法》第 22 条第 3 款规定的创造性为由，请求宣告权利要求 1-10 全部无效。专利复审委员会于 2017 年 8 月 31 日作出被诉决定，宣告第 201510398190.1 号发明专利权全部无效。江苏恒瑞公司和上海宣创公司均对无效宣告决定不服，向北京知识产权法院提起行政诉讼。北京知识产权法院维持了专利复审委员会作出的无效宣告决定。江苏恒瑞公司不服北京知识产权法院于 2019 年 1 月 25 日作出的（2017）京 73 行初 9107 号行政判决，向最高人民法院提起上诉。之后同年 7 月 4 日提出撤回其上诉的请求。

【法院判决】

在优先权问题上，即本专利权利要求 3 是否享有优先权。一审法院认为，权利要求 3 限定为"一水合甲磺酸盐"相当于是在优先权文件证据 1 的基础上进一步限定了具体的含水量，但是证据 1 中并未记载具有该含水量的甲磺酸盐晶体，证据 1 实施例 1-3 所制得晶体的含水量均与之存在较大差异，因此"一水合甲磺酸盐"属于在证据 1 的基础上新增加的技术内容，与证据 1 中记载的技术方案实质上并不相同，二者不属于相同的主题。因此权利要求 3 不能享受在先申请证据 1 的优先权。同理，权利要求 10 引用权利要求 3 的技术方案也不能享受证据 1 的优先权。权利要求 4 的技术方案在证据 1 的基础上扩大了保护范围，二者不属于相同主题，权利要求 4 不能享受在先申请证据 1 的优先权。同理，从属权利要求 5 也不包括震荡时间，相对于优先权文件中记载的技术方案扩大了保护范围，二者不属于相同主题，因此，权利要求5不能享受在先申请证据1的优先权。本专利权利要求6-9技术方案在证据1的基础上均扩大了保护范围，与证据1记载的技术方案不属于相同的主题，权利要求6-9不能享受在先申请证据1的优先权。

在新颖性方面，法院认为，证据6公开了与本专利相同化合物的一种晶体，但并未提供该晶体关于晶型方面的信息，不能认为证据6已经实际公开了A晶型，权利要求1相对于证据6具备《专利法》第22条第2款规定的新颖性。基于相同理由，权利要求2和权利要求3相对于证据6也具备《专利法》第22条第2款规定的新颖性。法院认为，根据证据2无法通过所述的临床试验获得艾坦中甲磺酸阿帕替尼的晶体结构信息，权利要求3具备《专利法》第22条第2款规定的新颖性。权利要求10引用权利要求3的部分也具备《专利法》第22条第2款规定的新颖性。证据1公开的上述技术方案落入了本专利权利要求4和权利要求5的保护范围内，因此权利要求4和5直接或间接引用权利要求1和权利要求2的技术方案相对于证据1不具备《专利法》第22条第2款规定的新颖性。权利要求6和权利要求7直接或间接引用权利要求1和权利要求2的技术方案相对于证据1不具备《专利法》第22条第2款规定的新颖性。权利要求8和权利要求9直接或间接引用权利要求1和权利要求2的技术方案相对于证据1不具备《专利法》第22条第2款规定的新颖性。

在创造性方面，证据6已经公开了甲磺酸盐的一种晶体的情况下，本领域技术人员有动机对其多晶型现象进行研究。对于本领域技术人员而言，在证据6的基础上结合公知常识得到权利要求1的技术方案是显而易见的，其不具备《专利法》第22条第3款规定的创造性。基于上述相同的理由，权利要求2、3和权利要求10也不具备《专利法》第22条第3款规定的创造性。在证据1的基础上得到权利要求4的技术方案是显而易见的，其不具备《专利法》第22条第3款规定的创造性。基于相同的理由，权利要求5-9直接或间接引用权利要求3的技术方案也不具备《专利法》第22条第3款规定的创造性。

【案例评析】

"烟酰胺类衍生物的甲磺酸盐 A 晶体及其制备方法和应用"发明专利权无效宣告请求案是 2017 年专利复审无效十大案例之一。本案是涉案专利权人上海宣创公司不服专利复审委员会的无效宣告决定，而提起的行政诉讼。本案对优先权的认定、临床试验是否构成专利法意义上的使用公开，以及药物晶体发明的新颖性和创造性判断问题提供了审查标准。

一、优先权的享有

《专利法》第 29 条规定，申请人自发明或者实用新型在外国第一次提出专利申请之日起十二个月内，或者自外观设计在外国第一次提出专利申请之日起六个月内，又在中国就相同主题提出专利申请的，依照该外国同中国签订的协议或者共同参加的国际条约，或者依照相互承认优先权的原则，可以享有优先权。申请人自发明或者实用新型在中国第一次提出专利申请之日起十二个月内，或者自外观设计在中国第一次提出专利申请之日起六个月内，又向国务院专利行政部门就相同主题提出专利申请的，可以享有优先权。无论是国外优先权，还是国内优先权，只有就相同主题提出专利申请的，才可以享有优先权，即享受优先权的权利要求中的技术方案应当清楚地记载于在先申请的文件中，如果该权利要求的技术方案不同于在先申请的说明书和权利要求书中记载的相应技术方案，那么二者不属于相同主题，该权利要求就不能享受在先申请的优先权。

外国优先权制度是为方便专利申请人在不同国家和地区申请专利提供便利的程序性设计，本国优先权制度是为方便发明创造的完成人及时提交专利申请，利用优先权制度对技术方案再做更新优化，但不论外国优先权还是本国优先权，都必须受先申请原则的限制，在优先权日以后所作的任何改进，包括扩大保护范围和增加新的技术特征等，都不能享受在先申请的优先权。发明创造的申请文件提交后，要求保护的范围也就划定了，后续修改完善也只能在此范围之内，以避免不正当地损毁社会公众的利益。因此，优先权的行使一定要受到在先申请原则的限制。

上海宣创公司拥有的名称为"烟酰胺类衍生物的甲磺酸盐 A 晶型及其制备方法和应用"的第 201510398190.1 号发明专利，要求了本国优先权，优先权文件的公开文本为201410323412.9。该专利权利要求3为："如权利要求1所述的N-［4-（1-氰基环戊基）苯基］-2-（4-吡啶甲基）氨基-3-吡啶甲酰胺甲磺酸盐A晶型，其特征在于，所述的N-［4-（1-氰基环戊基）苯基］-2-（4-吡啶甲基）氨基-3-吡啶甲酰胺甲磺酸盐A晶型为一水合甲磺酸盐。"优先权文件中的权利要求3为："如权利要求1或权利要求2所述的烟酰胺类衍生物甲磺酸盐A晶体，其特征在于，含水量为2.5%~4.5%。"涉案专利权利要求3相对于优先权文件增加了"一水合甲磺酸盐"的内容。优先权公开文本中，权利要求1和权利要求3分别限定了所述A晶型的XRPD衍射峰和含水量范围，说明书实施例1-3记载了烟酰胺类衍生物的甲磺酸盐A晶型的制备方法以及所述A晶型的含水量。涉案专利说明书中除记载了上述内容外，还增加了实施例13和图6的TGA图谱，通过DSC-TGA表征A晶型，并确认为一水合物。

享受优先权的权利要求的技术方案应当清楚地记载于在先申请的文件中，在优先权日以后所作的任何改进，包括扩大保护范围和增加新的技术特征等，都不能享受在先申请的优先权。此时，判断权利要求3是否享受优先权，关键在于判断，当XRPD衍射峰相同时，限定为"一水合甲磺酸盐"的技术方案与未限定"一水合甲磺酸盐"的技术方案是否实质相同。按照本领域的常规理解，"一水合甲磺酸盐"是指每1摩尔甲磺酸盐含有1摩尔水，一水合甲磺酸盐的含水量是确定的，是个具体的数值，即3.52%。优先权文本权利要求3中限定了含水量2.5%~4.5%，涉案权利要求3限定为"一水合甲磺酸盐"相当于是在优先权文件的基础上进一步限定了具体的含水量，3.52%在优先权文本记载的2.5%~4.5%的范围内，但是优先权文件中并未明确记载具有该含水量的甲磺酸盐晶体，实施例1-3所得晶体的含水量分别为2.71%、4.21%和3.23%，并没有含水量3.52%的实施例，因此"一水合甲磺酸盐"属于相比优先权文件新增加的技术内容。这种进一步限定与优先权文件中记载的技术方案实质上并不相同，因此权利要求3不能享受在先申请的优先权。权利要求10引用权利要求3的技术方案也不能享受优先权。

涉案专利权利要求4-9保护制备如权利要求1、2或权利要求3所述的N-［4-（1-氰基环戊基）苯基］-2-（4-吡啶甲基）氨基-3-吡啶甲酰胺甲磺酸盐 A 晶型的方法。涉案权利要求 4 与优先权文件相比，限定了 N－［4－（1－氰基环戊基）苯基］－2－（4－吡啶甲基）氨基－3－吡啶甲酰胺的甲磺酸盐与所述有机溶剂的配比为 1:150－250g/ml，而优先权文件仅仅记载了将 500mg 烟酰胺类衍生物的甲磺酸盐投入 100ml 的有机溶剂中，相应的配比为 1:200g/ml，同时，优先权文件中还记载了温度在 35 摄氏度下摇床震荡 48 小时，涉案权利要求 4 删除了具体的摇床震荡时间。可见，涉案专利权利要求 4 甲磺酸盐与有机溶剂的配比在优先权文件的基础上删除了震荡时间，扩大了保护范围。涉案从属权利要求 5 是对权利要求 4 的进一步限定，同样不包括震荡时间，相对于优先权文件记载的技术方案扩大了保护范围。因此，权利要求 4、5 相对于优先权文件中记载的技术方案扩大了保护范围，二者不属于相同主题。相对于优先权文件，涉案专利权利要求 6－9 的技术方案同样扩大了保护范围，二者不属于相同主题，因此，权利要求 6－9 不能享受在先申请的优先权。

现有技术的时间界限是申请日，享有优先权的，则指优先权日。如果不能享有优先权，则以实际申请日作为基准来评判发明的新颖性和创造性。此案中，涉案专利权利要求 3－10 的技术方案不能享有优先权，从而优先权的公开文本可以作为现有技术来评判涉案专利的新颖性和创造性。在提交申请文件时，提出要求在先申请的优先权，确保在后申请文件与优先权文件属于相同主题，在后申请比在先申请没有增加新的技术特征和扩大专利权的保护范围。

二、现有技术的认定

现有技术是指在申请日之前，为国内外公众所知的技术。从这个概念可以看出，这些技术内容在申请日以前处于能够为公众获得的状态，即本领域技术人员能够直接、毫无疑义获得的内容。如果是本领域技术人员根据其掌握的知识和能力，从已知的技术内容中显而易见地推断出的内容，则不属于现有技术的范畴。

在本案中，证据 6 是中国专利文献 CN101676267A，公开日为 2010 年 3 月 24 日，申请日为 2008 年 9 月 16 日，名称为"N－［4－（1－氰基环戊基）苯基］－2－（4－吡啶甲基）氨基－3－吡啶甲酰胺的盐"。在该公开文本中，制备实施例 4 制得了化合物 A 的甲磺酸盐晶体，"稳定性"部分实验目的是为了研究甲磺酸盐的稳定性。根据涉案专利实施例 17 的记载，证据 6 所述的甲磺酸盐在室温下放置 6 个月后客观上可转化为 A 晶型，但是本领域技术人员不会由此而获得 A 晶型，如果没有开展这个实验，本领域技术人员也不可能预测到此实验结果，证据 6 也没有披露过是否产生新晶型。作为本领域技术人员，为了获得药用优势药物晶体，有动机对证据 6 晶型研究和测试，根据其掌握的知识和基本技能，可以再进一步试验从中获得一种已知化合物的新晶型。但是，这种新的晶体并不属于本领域技术人员能够从证据 6 公开的内容中直接、毫无疑义的得出的。

三、药品批准上市时间不能认定为实际销售日期

按照《药品管理法》第 24 条的规定，在中国境内上市的药品，应当经国务院药品监督管理部门批准，取得药品注册证书。然而，药品行政审批中获得批准，取得药品注册证书，仅仅代表药品行政管理部门允许该药品上市销售，并不等于该药品已经上市销售。因此，上市批准时间不能视为药品实际开始销售时间，药品实际开始销售时间往往晚于药企获得上市许可审批的时间。

药品的公开销售是指向不特定对象销售，导致公众可能通过检测分析手段获得药物组成及其结构信息。在本案中，甲磺酸阿帕替尼于 2014 年 12 月 13 日获得国家食品药品监督管理总局的批准，用于治疗晚期胃癌。这一日期仅仅表示甲磺酸阿帕替尼获得国家食品药品监督管理总局的药品注册批准，并未明确具体的上市销售时间。也就是说，2014 年 12 月 13 日仅是江苏恒瑞公司获得上市销售的行政许可时间，而一般药企获得了药品上市许可证书后，才可以开展相应的生产、销售。因此，如果有具体的药品上市时间的证据就可以用来证明实际销售时间，如果没有，一般不能认为当天即发生了甲磺酸阿帕替尼公开销售的事实，也不能认为该药物的组成和结构信息已处于社会公众可轻易获取的公开状态。

四、临床试验使用是否属于专利法意义上的使用公开

《专利法》第 22 条规定的新颖性，是指该发明或者实用新型不属于现有技术；也没有任何单位或者个人就同样的发明或者实用新型在申请日以前向

国务院专利行政部门提出过申请，并记载在申请日以后公布的专利申请文件或者公告的专利文件中。《专利审查指南》（2010）规定了现有技术公开的方式包括出版物公开、使用公开和以其他方式公开。使用公开是指由于使用而导致技术方案的公开，或者导致技术方案处于公众可以得知的状态。使用公开的方式包括能够使公众得知其技术内容的制造、使用、销售、进口、交换、馈赠、演示、展出等方式。只要通过上述方式使有关技术内容处于公众想得知就能够得知的状态，就构成使用公开，而不取决于是否有公众得知。

临床试验是指由临床医生将药物提供给患者服用，目的是研究制定给药方案，同时测试试验药物的吸收、分布、代谢和排泄等，评价药物对目标适应症患者的治疗作用和安全性等。根据临床目的，临床医生通常不会对药品本身结构组成进行研究检测，由于专业所限，临床医生也缺乏对药品本身结构组成进行研究测试的仪器设备和技能等内在的和外在的物质条件；同时接受治疗的患者由于身体原因和各种条件所限，更加不可能对该药品本身结构组成进行研究检测。

在本案中，从2015年4月到2016年3月，某院共有84例患者使用了阿帕替尼，累计114例次。即使该临床试验是公开进行的，但接触该药品的仅限于特定的医生和患者。根据使用公开的条件，技术方案的内容必须因使用而处于公众能够轻易得知的状态。对于药品的公开使用而言，应该是指不特定公众使用该药品，并且通过药物说明书或者通过检测分析手段获得药物组成及其结构信息。本案中，阿帕替尼药品并未进入药品流通环节，可以接触该药品的仅为特定人群，该类人群不会因临床使用而得知该药品中甲磺酸阿帕替尼的晶体结构信息。因此，在医院进行的临床试验不应属于专利法意义上的使用公开，不足以破坏本专利权利要求的新颖性。

五、药物晶型创造性的判断

药物多晶型是指药物在结晶过程中，因结晶条件不同，使药物的晶体具有两种或两种以上的空间结构和晶胞常数。晶型物质状态不同，其晶型稳定性也存在较大差异，作为药物晶型必须具备一定的稳定性质，这是保证药品质量的最基本要求。因此，寻找晶型物质相对稳定，能够最好的发挥防治疾病的作用，同时毒副作用较低的药用优势药物晶型，成为药企研发的重要内容。对于原研药企而言，在获得化合物专利后，通常会积极研发相应的晶体，利用晶体专利延长上市药品的专利保护期限；另一方面，仿制药企也会积极布局晶型专利，期待借此与原研药企专利权人形成交叉许可。在晶体专利审查实践方面，晶体如何表征和定义、晶体发明公开到什么程度才能被认为满足充分公开的要求，以及如何与已知化合物或者相同化合物的已知晶体进行对比，如何进行晶型新颖性和创造性的判断，都是医药专利审查方面的难点。

根据《专利法》的规定，创造性是指与现有技术相比，该发明具有突出的实质性特点和显著的进步，该实用新型具有实质性特点和进步。对于化学产品而言，基于权利要求保护的对象相对于已知化学产品在技术方案上的区别以及其所产生的技术效果，判断该区别的引入对于本领域技术人员而言是否显而易见。对于结构上与已知化学产品接近的化学产品，只有在其相对于已知化学产品产生意料不到的用途或效果的前提下，该化学产品才具备创造性；反之，则不具备创造性。

双方当事人关于创造性争议焦点在于涉案专利与证据6相比，是否产生了意料不到的技术效果。涉案专利的发明构思是提供一种有利于药物加工的新晶型。证据6是江苏恒瑞公司的专利，申请日为2008年9月16日，ZL200810149651.1，名称为"N-［4-（1-氰基环戊基）苯基］-2-（4-吡啶甲基）氨基-3-吡啶甲酰胺"的盐，权利要求保护了这种盐，含有此盐的药物组合物，在制备治疗抗肿瘤药物中的应用和具体成盐的步骤。因此，涉案专利和证据6是同一种药物，涉案专利提供了该种药物的一种晶型。

涉案专利权利要求1相对于证据6实际解决的技术问题是提供一种晶型稳定度较好的不同晶型。权利要求1相比证据6是否具备创造性的关键在于，本领域是否存在寻找具有较高晶型稳定性的晶体以及本专利晶型稳定性方面的优点是否达到本领域技术人员意料不到的程度。证据6实施例4的晶体在室温下和RH90%高湿条件下放置6个月均可转化成所述A晶型，证据6也在相同条件下进行了这两个试验，客观上本领域技术人员只要对证据6的晶体性质进行研究就能够获得所述A晶型及其性质。在证据6已经公开了甲磺酸盐晶体的基础上，为了获得适合药物生产和使用需要的多晶型，本领域技术人员根据其掌握的普通技术知识容易想到，将证据 6 的结晶方法进行常规改变，例如改变结晶溶剂并根据所得晶体的理化性能进行常规选择，即可得到涉案专利权利要求 1 所述的 A 晶型。因此，涉案专利获得 A 晶型的技术效果并没有超出本领域技术人员的预期，并不满足创造性的要求。

【案例启示】

本案对创新主体如何撰写专利申请文件和界定专利保护范围，提供了启发与警示，以便在享有"优先权"之便的同时，能够稳固地确立专利权的有效性。同时，也对晶型专利新颖性和创造性的判断提供了指引。

一、专利申请文件撰写注意内容

在提交专利申请时，如果要求优先权，需要认真核实是否满足享有优先权的条件。无论是国外优先权，还是国内优先权，只有就相同主题提出专利申请的，才可以享有优先权，即享受优先权的权利要求中的技术方案应当清楚地记载于在先申请的文件中，在优先权日以后所作的任何改进，包括扩大保护范围和增加新的技术特征等，都不能享受在先申请的优先权。如果该权利要求的技术方案不同于在先申请的说明书和权利要求书中记载的相应技术方案，二者不属于相同主题，该权利要求不能享受在先申请的优先权。如果不满足优先权的要求，申请文件中要求优先权，即使专利申请被授权，在无效宣告程序中也会出现问题。本案中，涉案专利要求的优先权文本证据 1 是中国专利文献 CN104072413A，公开日为 2014 年 10 月 1 日。然而，由于权利要求 3–9 的技术方案不符合享有优先权的条件，证据 1 作为现有技术评价了涉案专利权利要求 3–9 的技术方案的新颖性和创造性，破坏了涉案专利权利要求 4–9 的新颖性。优先权制度是有利于发明申请人的一项制度，但要注意满足优先权的要求，避免让本应作为优先权文件的技术方案被判定为现有技术。

对于化学物质的专利申请，相比于现有技术中已知的物质，如果结构相似，只有可以产生意料不到的技术效果，才能被认为具备创造性。因此，撰写申请文件时，应重点描述这些意料不到的技术效果，并通过大量的试验数据和相应的数据统计分析来证明这些技术效果的显著性差异，以便满足创造性要求。

二、药品企业专利工作启示

本案原、被告都是国内药企,随着我国生物医药创新能力的不断提高,国内药企的专利之争日益显现,本案对于我国生物医药企业的知识产权工作具有一定的启发意义。

本案涉及的药物是第一个国产替尼类药物阿帕替尼。甲磺酸阿帕替尼核心化合物专利于 2002 年 11 月 27 日申请,除了核心化合物专利外,在药物正式上市前,江苏恒瑞公司在 2008 年布局了 2 件联合用药专利和 1 件甲酰胺盐专利。甲磺酸阿帕替尼在 2014 年 10 月获得上市批准后,江苏恒瑞公司又布局了 1 件制备方法专利、1 件联合用药专利和 1 件新适应症专利(见图 4-1)。然而,未见有相关晶体的专利申请,这或许表明江苏恒瑞公司选择了将相关技术作为商业秘密进行保护。

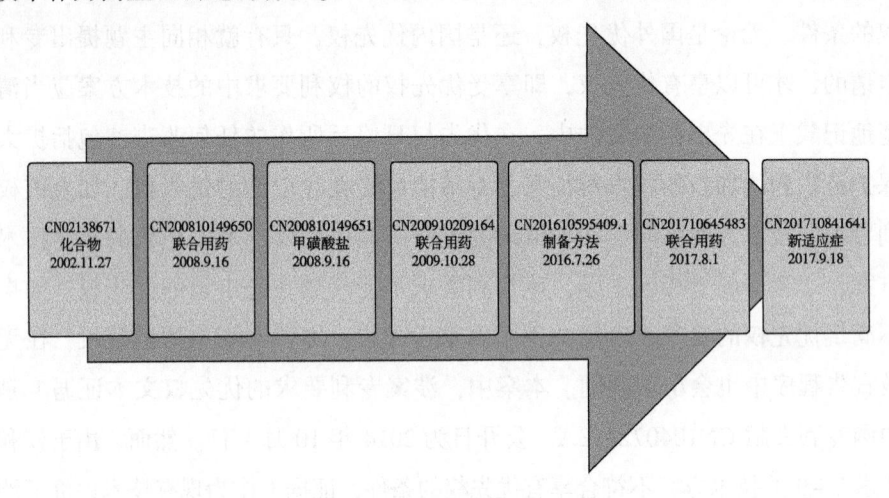

CN02138671	CN200810149650	CN200810149651	CN200910209164	CN201610595409.1	CN201710645483	CN201710841641
化合物	联合用药	甲磺酸盐	联合用药	制备方法	联合用药	新适应症
2002.11.27	2008.9.16	2008.9.16	2009.10.28	2016.7.26	2017.8.1	2017.9.18

图 4-1 江苏恒瑞公司在甲磺酸阿帕替尼的专利布局

当阿帕替尼在 2014 年 11 月上市后,上海宣创公司同时也关注到了甲磺酸阿帕替尼。2014 年到 2015 年,上海宣创公司陆续提出了涉及甲磺酸阿帕替尼的 A、B、C、D 和 F 晶型专利申请,还有 1 件涉及甲磺酸盐溶剂化物晶体及制备方法和应用的专利,共提出了 9 件晶型专利。上海宣创公司的首次申请是在 2014 年 7 月 8 日,申请号为 201410323412.9,名称为"烟酰胺类衍生物的甲磺酸盐 A 晶型及其制备方法和应用",公开日为 2014 年 10 月 1 日。

在江苏恒瑞公司于 2008 年 9 月 16 日申请的 ZL200810149651.1,名称为

"N－［4－（1-氰基环戊基）苯基］－2－（4－吡啶甲基）氨基-3－吡啶甲酰胺的盐"的专利文件中，制备实施例4制得了化合物A的甲磺酸盐晶体。根据涉案专利实施例17的记载，甲磺酸盐在室温下放置6个月后客观上可转化为A晶型。上海宣创公司于2015年7月8日申请了涉案专利，名称为"烟酰胺类衍生物的甲磺酸盐A晶型及其制备方法和应用"发明专利，其优先权日为2014年7月8日，授权公告日为2016年4月27日。然而，该项技术方案保护的烟酰胺类衍生物的甲磺酸盐A晶型早在江苏恒瑞公司2008年的ZL200810149651.1申请文件实施例中已有记载。虽然本案上海宣创公司的该项专利最终被宣告无效，但整个无效和诉讼过程耗时耗力。如果江苏恒瑞公司在ZL200810149651.1专利之后，将烟酰胺类衍生物的甲磺酸盐的晶型继续研发，及时申请专利，或者以其他方式予以公开，可能会避免本案的诉讼纠纷。

对于创新药，应尽可能地围绕其进行全面专利布局。如果选择以商业秘密进行保护，一定要提前评判是否商业秘密保护确实是最优选择。对于一些隐蔽性较高的技术内容，竞争对手不太容易通过反向工程获得，此时，通过商业秘密进行保护是不错的选择。但对于同行普遍关注的技术或产品，赛道很拥挤，很多企业都可能会投入人力、物力进行研发，此时通过商业秘密进行保护可能就不够充分了。在考虑企业发展策略、专利工作经费预算等多方面因素后，如果企业不希望通过专利进行保护，或者专利授权的可能较低，或者不适合使用商业秘密进行保护，可以选择将相关内容进行公开，通过企业网站、专业杂志、会议等多种途径将该内容进行公开，以避免竞争对手将这些技术内容申请为专利，产生知识产权风险。

对于对专利依赖度强的高新科技企业，譬如，生物医药企业，一般在某项技术或产品研发立项前，都会进行FTO（Freedom to operate）分析，即分析该技术或者产品是否可以自由实施，目的在于判断技术或产品专利的侵权风险。如果侵权风险较高，企业可以延迟推向市场、重新规避设计或者获得专利许可。一旦药物研发成功并上市，企业需在上市前和上市后的一段时间内，持续监测与该药品相关的公开或者公布的专利申请文件和专利文件，知己知彼，以便提早进行相关专利风险防控。对于药品专利，提起无效宣告请求也是企业在药品专利侵权诉讼中，或者专利工作中常用的一种策略。

案例五　化学领域产品发明说明书充分公开的判断、确定发明所要解决的技术问题与判断说明书是否充分公开之间的关系和申请日后补交的实验性证据是否可以用于证明说明书充分公开

——沃尼尔·朗伯有限责任公司与国家知识产权局专利复审委员会等发明专利权无效行政纠纷案

【案例问题】

化学产品发明专利文件中说明书需要记载该化学产品的确认、制备方法和用途。《专利法》规定说明书应当对发明或者实用新型作出清楚、完整的说明，以所属技术领域的技术人员能够实现为准。《专利审查指南》规定，能够实现是指本领域技术人员根据说明书公开的内容，能够实现发明的技术方案，解决其技术问题，并且产生预期的技术效果。对于化学药品领域，属于实验性的科学领域，说明书是否公开充分该如何判断？发明所要解决的技术问题与充分公开之间的判断逻辑关系如何？申请日后补交的实验证据是否可以用于证明说明书充分公开呢？

【当事人】

再审申请人（一审被告、二审被上诉人）：国家知识产权局专利复审委员会。

再审申请人（一审第三人）：北京嘉林药业股份有限公司。

被申请人（一审原告、二审上诉人）：沃尼尔·朗伯有限责任公司（WARNER-LAMBERT COMPANY LLC）。

【案情简介】

沃尼尔·朗伯有限责任公司（以下简称沃尼尔·朗伯公司）在1996年7月8日申请了名称为"结晶[R-(R*,R*)]-2-(4-氟苯基)-β,δ-二羟基-5-(1-甲基乙基)-3-苯基-4-[(苯氨基)羰基]-1H-吡咯-1-庚酸半钙盐"的发明专利，并于2002年7月10日获得授权，专利号为96195564.3，优先权日为1995年7月17日。北京嘉林药业股份有限公司（以下简称嘉林公司）作为无效请求人之一，向国家知识产权局专利复审委员会（以下简称专利复审委员会）就本专利提出无效宣告请求，认为无论是基于说明书的一般性公开，还是基于实施例的公开，本领域技术人员都难以制备得到含1-8摩尔水的I型结晶阿托伐他汀水合物。2009年6月17日，专利复审委员会作出第13582号无效宣告请求审查决定，宣告本专利全部无效。专利权人沃尼尔·朗伯公司不服该决定，向北京市第一中级人民法院（以下简称一审法院）提起诉讼，请求撤销专利复审委员会作出的第13582号决定。一审法院维持了第13582号决定。沃尼尔·朗伯公司不服一审判决，向北京市高级人民法院（以下简称二审法院）提起上诉，二审法院撤销了一审判决和第13582号决定，由专利复审委员会重新就涉案专利作出无效审查决定。专利复审委员会不服二审判决，向最高人民法院（以下简称最高院）申请再审，最高人民法院于2013年12月11日作出（2013）知行字第16号行政裁定，提审本案。

【法院判决】

一审法院认为，涉案专利权利要求1-3保护含1-8摩尔水的I型结晶阿托伐他汀水合物，该水合物通过水的组成和微观结构共同定义。涉案专利说明书既未对得到的化合物的含水量进行确认，也未对含1-8摩尔水的I型结晶阿托伐他汀水合物具有相同的XPRD进行实验验证，因此说明书对权利要求1-3中保护的结晶产品的公开，未达到本领域技术人员能够实现的程度，不符合《专利法》第 26 条第 3 款的规定。包含权利要求 1－3 所含 1－8 摩尔水的 I 型结晶阿托伐他汀水合物的药物组合物的权利要求 4－9，包括权利要求 1－3 所述含 1－8 摩尔水的 I 型结晶阿托伐他汀水合物的制备方法的权利要求 10－24 也不符合《专利法》第 26 条第 3 款的规定。因此，一审法院维持了第 13582 号决定。

二审法院认为，判断一项发明是否满足关于公开充分的要求，应包括确定该发明要解决的技术问题。专利复审委员会未对本发明要解决的技术问题进行整体考虑的情况下，作出本专利公开不充分、本专利权利要求 3 不符合《专利法》第 26 条第 3 款规定的相关认定显属不当。二审法院判决撤销（2009）一中知行初字第 2710 号行政判决；撤销第 13582 号决定；由专利复审委员会重新就涉案专利作出无效审查决定。

最高院认为，二审法院没有考虑本专利权利要求限定的技术方案的可实现性，首先考虑的是发明要解决的技术问题，进而考虑与要解决的技术问题相关的化学物理性能参数，该审理思路不正确。同时，涉案专利说明书没有对 I 型结晶阿托伐他汀水合物中的水进行清楚、完整的说明，说明书从根本上已经不符合《专利法》第 26 条第 3 款的规定。因此，最高人民法院撤销二审判决，维持了一审的行政判决。

【案例评析】

本案入选 2015 年中国法院十大知识产权案件，同时入选《最高人民法院知识产权案件年度报告（2015 年）》。本案涉及化学领域产品发明说明书充分公开的判断、发明所要解决的技术问题和说明书公开充分的关系判断，以及补充实验数据提交问题，经历了专利复审委员会的无效宣告，之后又经历了行政一审、行政二审和最高院再审。本案涉及的药物晶体等技术问题非常复杂，同时法律适用典型，涉案专利本身经济价值高，对我国目前有关医药领域说明书充分公开审查标准的把握与运用具有很强的指导意义。

一、化学领域产品发明说明书充分公开的判断

《专利法》第 26 条第 3 款规定："说明书应当对发明或者实用新型作出清楚、完整的说明，以所属技术领域的技术人员能够实现为准。"按照《专利审查指南》的规定,"能够实现"是指说明书应当清楚地记载发明或者实用新型的技术方案,详细地描述实现发明或者实用新型的具体实施方式,完整地公开对于理解和实现发明或者实用新型必不可少的技术内容。可见,说明书应当公开充分,以所属技术人员能够实现技术方案,达到发明所要解决的技术问题和技术效果为准。

对于化学产品的充分公开,不论是化合物、组合物或者结构组成不能清楚描述的化学产品,按照《专利审查指南》对于充分公开的要求,如果保护的发明为化学产品本身,说明书应当记载化学产品的确认、制备和该产品的用途。化学产品的确认,对于化合物发明而言,是指说明书应当说明该化合物的化学名称、分子式和结构式,包括各种官能集团、分子立体构型等,对化学结构的说明应当达到使本领域技术人员能够确认该化合物的程度,同时需要提供与发明要解决的技术问题相关的化学、物理性能参数,比如,各种定性或者定量的图谱与数据,使要求保护的化合物能被清楚地确认。同时,说明书中至少应当记载要保护的化合物的一种制备方法以及明确的功能用途。

就涉案专利而言,权利要求保护的是一种产品,即含1-8摩尔(优选3摩尔)水的I型结晶阿托伐他汀水合物,该水合物通过权利要求所定义的XPRD和13CNMR数据进行了限定。I型结晶阿托伐他汀水合物中水的含量是本发明必不可少的技术特征之一。然而,本领域对于某种物质的水合物中的水是否占位,水的存在或含水量的多寡是否会影响其XPRD,尚未形成统一的认识。涉案专利水合物具有权利要求所定义的XPRD和133CNMR数据,但本领域技术人员并不能从说明书中确认含有不同摩尔水的I型结晶阿托伐他汀水合物具有相同的XPRD,即并不能确定该水合物中的水是属于"水不占位,不影响晶体的XPRD"的物质,还是属于"水会占位,会影响晶体的XPRD"的物质。此外,涉案专利说明书中并未测定I型结晶阿托伐他汀含有多少水,且说明书公开图谱本身也不能确定对应的化合物中水的含量。在说明书仅提供声称性结论而缺乏具体数据支撑的情况下,本领域技术人员无法根据现有技术、说明书中的方法和具体实施例方法来制备含1-8摩尔水,优选3摩尔水的I型结晶阿托伐他汀水合物。因此,本领域技术人员不能根据说明书公开的内容实现其技术方案,以解决具体的问题,并达到相应的技术效果。

二、发明所要解决的技术问题与《专利法》第 26 条第 3 款之间的关系判断

《专利法》第 26 条第 3 款规定："说明书应当对发明或者实用新型作出清楚、完整的说明，以所属技术领域的技术人员能够实现为准。"《专利审查指南》中规定，所属技术领域人员"能够实现"是指按照说明书记载的内容，实现该发明或者实用新型的技术方案，解决其技术问题，并且产生预期的技术效果。可见，实现该发明或者实用新型是指技术方案可以重复再现，可以解决发明所要解决的技术问题，并产生预期的技术效果。

当依据《专利法》第 26 条第 3 款规定进行判断时，需要考虑技术问题、技术方案和技术效果。也就是说，技术方案应当可以重复再现，解决发明或者实用新型所要解决的技术问题，并达到相应的技术效果。如果说明书中给出了技术方案，但本领域技术人员采用该技术方案不能解决发明所要解决的技术问题，则不符合《专利法》第 23 条的规定。同样，如果说明书给出了技术方案，但该技术方案本身不可实施，同样不符合《专利法》第 26 条第 3 款的规定。在实践判断中，说明书的充分公开与发明或者实用新型所要解决的技术问题以及技术效果判断之间的逻辑关系该如何确立？对这一问题的回答，关系到本案在二审法院和最高法院审理过程中所呈现的不同审理思路。

说明书应当对发明或者实用新型作出清楚、完整的说明，以所属技术领域的技术人员能够实现为准。说明书中应记载具体的技术方案、发明或者实用新型所要解决的技术问题和获得的有益技术效果。这三个方面缺一不可，存在密切的逻辑关系。从研发创新的角度看，首先是识别发明或者实用新型需要解决的技术问题；明确了技术问题后，才会进一步进行研发以寻求解决该技术问题的的技术方案；有了相匹配的技术方案后，才可以获得相应的技术效果。技术问题的解决，依赖于技术方案中采用的具体技术手段，以及实际达到的客观技术效果。如果一个技术问题被解决，前提是解决该技术问题的技术方案是可行的，可实现的，并且产生了预期的技术效果。在发明创造的初始阶段，首先识别出一个技术问题，再去研究具体的解决方案，并最终获得有益的技术效果。

案例五　化学领域产品发明说明书充分公开的判断、确定发明所要解决的技术问题与判断说明书是否充分公开之间的关系和申请日后补交的实验性证据是否可以用于证明说明书充分公开

　　在发明创造的实质审查、复审或无效阶段，对"说明书是否公开充分方面"进行审查时，技术问题、技术方案与技术效果三者之间的逻辑顺序如何呢？是先判断技术问题，再考虑具体的技术方案，最后评估是否会得到有益的技术效果；还是先从具体的技术方案入手，考虑具体的技术方案本身是否具有可实施性，之后再评估技术问题和具体的技术效果呢？技术方案与技术问题之间存在密切的关联性。根据《专利审查指南》的规定，所属技术领域的技术人员"能够实现"，是指所属技术领域的技术人员按照说明书记载的内容，就能够实现发明或者实用新型的技术方案，解决其技术问题，并且产生预期的技术效果。从《专利审查指南》的字面表述上看，首先，本领域技术人员应能按照说明书记载的内容实现发明或者实用新型的技术方案；其次，该技术方案应能解决发明或者实用新型的技术问题，并产生预期的技术效果。因此，判断的逻辑顺序是应先判断说明书中记载的技术方案是否可以实现，之后再判断该技术方案是否可以解决发明或者实用新型的技术问题，并产生预期的技术效果。如果先判断技术问题，再考虑具体的技术方案，最后评估是否会得到有益的技术效果，虽然这也是一种判断思路，但对于这种判断思路而言，如果说明书记载的技术方案存在瑕疵，本领域技术人员都无法实施，即该技术方案本身不能再现，显然已经不符合《专利法》第26条第3款的规定。在这种情况下，如果先考虑发明所要解决的技术问题，再判断技术方案本身是否可实施，明显增加了程序的繁杂性。因此，笔者赞同最高院再审中的观点，首先，应确认本领域技术人员根据说明书的内容是否可以再现该技术方案；其次，评判该技术方案是否解决了发明所要解决的技术问题；最后，考虑该技术方案是否解决了技术问题，以及所带来的技术效果。

　　就涉案专利而言，权利要求保护的是含1-8摩尔（优选3摩尔）水的Ⅰ型结晶阿托伐他汀水合物，含水量是涉案专利保护产品中必不可少的重要组成部分。根据说明书的记载，本领域技术人员并不能再现该技术方案。在评判涉案专利时，如果说明书中记载的技术方案无法实施，已经不符合《专利法》第26条第3款的规定，此时不需要进一步考虑发明所要解决的技术问题。

三、申请日后补交实验数据

　　补交试验数据在实验性学科的专利无效案件或专利申请中十分常见，譬

如，对于药品专利而言，在药品专利的申请审查、复审、专利无效和行政诉讼程序中，专利申请人或专利权人常常提交这类证据，用于证明专利申请或已授权的专利满足创造性或说明书充分公开的规定，而原专利说明书或专利申请文件中并未记载。在专利审查实践中，对于申请日后补交实验数据来证明发明的创造性和充分公开问题是否予以审查，一直是生物、化学和医药等领域备受关注和广泛讨论的问题。从《专利审查指南》的历次修正中，可以看出我国对于补交试验数据的态度和政策演变。

《专利审查指南》（2001）第二部分第十章的"化学发明的充分公开"部分规定，不允许申请人将申请日之后补交的实施例写入说明书，尤其是其中与保护范围有关的内容，更不允许写进权利要求。后补交的实施例只能供审查员审查新颖性、创造性和实用性时参考。《专利审查指南》（2006）删除了上述规定，增加了"申请日之后补交的实施例和实验数据不予考虑"，同时在"化合物创造性"部分没有增加与补充试验数据相关的规定。可以看出，对于实验数据补充的规定趋向严格。《专利审查指南》（2010）在补交实验数据方面的规定延续了2006年的严格审查标准。

2017年4月1日施行的新修订《专利审查指南》（2010）第二部分第十章"化学发明的充分公开"部分的第3节新增了第3.5节，并将原第3.4节第（2）项移至第3.5节进行了修改，修改后的内容为："判断说明书是否充分公开，以原说明书和权利要求书记载的内容为准。对于申请日之后补交的实验数据，审查员应当予以审查。补交实验数据所证明的技术效果应当是所属技术领域的技术人员能够从专利申请公开的内容中得到的。"在国家知识产权局发布的《专利审查指南修改草案（征求意见稿）》解读中指出，"通过上述修改，明确审查员应当对申请人补交的实验数据进行审查，对有关措辞可能带来的对补交的实验数据不予审查的误解作出澄清，并对其中'判断说明书是否充分公开，以原说明书和权利要求书记载的内容为准'的原则在补交实验数据的审查中如何体现予以说明，强调补充实验数据所证明的技术效果与申请日公开事实的内在必然联系，这也是专利制度先申请制的本质要求"。其实，在2017年之前的专利审查实践中，专利行政部门并非绝对不考虑实验数据，尤其在创造性审查方面。[①] 不过，2017年新修订的《专利审查指南》进一步明确了对于申请日之后补交的实验数据，审查员应当予以审查。

2021年1月15日起施行的新修订《专利审查指南》（2010）中，第二部分第十章的第3.5节关于补交的实验数据部分进一步分为第3.5.1节和第3.5.2节。原第3.5节的内容移到第3.5.1节，作为补交实验数据的"审查原则"，该审查原则是"判断说明书是否充分公开，以原说明书和权利要求书记载的内容为准。对于申请日之后申请人为满足《专利法》第22条第3款、第26条第3款等要求补交的实验数据，审查员应当予以审查。补交实验数据所证明的技术效果应当是所属技术领域的技术人员能够从专利申请公开的内容中得到的"。相比于之前的版本，这次修订增加了在申请日之后，为了满足《专利法》第22条第3款关于创造性、第26条第3款说明书充分公开的要求补交的实验数据，审查员应当予以审查。同时，新增的第3.5.2节"药品专利申请的补交实验数据"，给出了两个审查示例，分别涉及说明书充分公开和创造性审查中有关补交实验数据的典型情形。2023年12月国家知识产权局令第78号，公布修订后的《专利审查指南》，自2024年1月20日起施行。2010年1月21日公布的《专利审查指南》及其后公布的相关局令、公告同时废止。在补交实验数据方面的规定，延续了2021年关于补交实验数据相关修改的内容，相关内容在新的《专利审查指南》（2023）中第二部分第十章"关于化学领域发明专利申请审查的若干规定"中体现，即"3.5关于补交的实验数据部分"，包括了"3.5.1审查原则"和"3.5.2药品专利申请的补交实验数据部分"中两个具体的审查示例。从上述梳理中可以看出，专利审查中对于补交实验数据的审查有趋于宽松的趋势。专利的本质是以公开换保护，《专利法》第33条规定，申请人可以对专利申请文件进行修改，但对发明或者实用新型专利申请文件的修改不得超出原说明书和权利要求书记载的范围。原说明书和权利要求书记载的范围包括原说明书和权利要求书

[①] 参见许波：《从〈中美贸易协议〉看补充实验数据的前世今生》，载微信公众号"医药知识产权案例观察"2020年3月25日，http://mp.weixin.qq.com/s/svi3dCUOG4KSUzji-AVfNw。

文字记载的内容和根据原说明书和权利要求书文字记载的内容以及说明书附图能直接地、毫无疑义地确定的内容。可见,原权利要求书和说明书的范围向社会公众界定了整个发明创造的保护范围,对于补充的实验数据的审查,也不应脱离这一基本原则。

专利制度是以公开换保护的制度,发明创造人将自己的发明创造内容向社会公开,以换得对该发明创造一段时间的独占权利。专利制度通过赋予发明创造者一定时间的独占权,体现激励创新的作用。专利权人在获得权利的同时,也有义务将发明创造向社会充分公开,从而避免重复研究和社会资源的浪费,公开的程度应至少达到本领域技术人员能够实现的标准。另一方面,专利文件也发挥着一种公示的作用,向世人公示发明创造的内容和权利要求的范围。专利权是一种无形财产权,相对而言的是有形财产权。对于有形财产而言,物权法调整平等主体间因物的归属与利用而产生的民事关系。物权的公示是物权的取得和变动必须采取法律许可的方式向社会予以展示,以获得社会的承认和法律保护。[①] 物权的公信是一旦物权的取得和变动经过公示,当事人就有理由产生合理依赖,相信以公示方法所表现出来的权利人和权利状态是正确的。[②] 物权是绝对权,必须保持透明,使他人对权利的状况一目了然。[③] 对于无形财产,如专利权,权利的归属以及权利的边界更应保持透明,使他人对权利的状况和权利的边界清晰明了。专利权保护的客体是技术方案,本质上属于信息,保护的边界以权利要求的方式清晰地展现于公众,只有以公开的方式将权利边界、权利归属、权利变动的事实告知社会公众,才能使公众了解对何人负有专利法上的不作为义务,明确权利的边界,并有效保护权利人的利益。专利制度是公开换保护,发明创造者第一次提交专利申请文件时,需要向社会公众明确其希望获得权利保护的范围以及发明创造的内容,这实质是一种公示行为,对于发明或者实用新型的专利申请文件,无论是申请人进行主动修改,还是在实质审查中对权利要求书或者说明书的

[①] 参见孙宪忠:《中国物权法总论》,法律出版社2003年版,第178页。
[②] 参见梅夏英、高圣平:《物权法教程》,中国人民大学出版社2018年版,第11页。
[③] 参见杨立新:《物权法》中国人民大学出版社2022年版,第14页。

案例五　化学领域产品发明说明书充分公开的判断、确定发明所要解决的技术问题与判断说明书是否充分公开之间的关系和申请日后补交的实验性证据是否可以用于证明说明书充分公开

修改，都不应超出原申请文件所确定的范围，即原说明书和权利要求书记载的内容，以及根据这些文字内容和说明书附图能够直接、毫无疑义地确定的内容。公示的目的是产生公信力，专利申请人向公众展示发明创造的内容以及希望获得权利保护的范围，社会公众就有理由产生合理的信赖，相信所公示的内容是确定且正确的。没有公信力的公示在民法上是没有意义的。因此，申请人可以对专利申请文件进行修改，但修改不得超出原说明书和权利要求书记载的范围。同时，在审查过程中或无效程序中补交的实验数据，同样不能超出这一范围。

"先申请制"和"以公开换保护"是我国专利审查和司法审判中采信补充试验数据遵循的基本原则。在司法审判中，这些基本原则并没有受到《专利审查指南》多次修改的太多影响。根据《专利审查指南》（2010）的规定，申请日后补交的实施例和实验数据不予考虑。然而，2015年最高人民法院在本案中关于补交实验室证据的观点指出，在专利申请日后提交的用于证明说明书充分公开的实验性证据，如果可以证明以本领域技术人员在申请日前的知识水平和认知能力，通过说明书公开的内容可以实现该发明，那么该实验性证据应当予以考虑，不宜仅仅因为该证据是申请日后提交的而不予接受。对于申请日后补交的用于证明说明书充分公开的试验数据，是否予以审查应该有着严格的限制。最高院认为，必须要满足以下构成要件，实验性证据才能予以考虑。第一是时间要件，实验性证据涉及的实验条件、方法等在时间上应该是申请日或优先权日前本领域技术人员通过阅读说明书直接得到或容易想到的，不能使用申请日之后的试验条件、技术和方法等。第二是主体要件，判断的依据应是本领域技术人员在申请日前的知识水平和认知能力，这一主体是个法律虚拟的主体。第三是内容要件，说明书公开的内容应能够实现该发明，补充实验数据证明的试验效果一定是通过说明书公开的内容可以得到的试验效果。

本案中，涉案专利的申请日是1996年7月8日，而专利权人提交的天津大学的实验报告完成时间是2011年10月20日，显然在申请日之后。最高院审查后认为，针对如何具体控制降温速度，以及冷却到室温需要多长时间才能制备出Ⅰ型结晶阿托伐他汀水合物，并不是本领域技术人员在涉案专利优

先权日之前能够从说明书中容易想到的信息。天津大学实验报告中选择的加热和冷却时间也不是本领域技术人员在专利优先权日之前能够从说明书中容易想到的信息。因此，天津大学的实验报告不能用于证明本领域技术人员根据本专利说明书公开的内容可以实现本发明，最高院对于该申请日后补交的试验证据没有采纳。

【案例启示】

化学是一门实践性的科学，每个结论都离不开实验数据的支撑。在化学领域的专利申请文件撰写方面，如果权利要求保护的对象是化学产品本身，说明书应当记载化学产品的确认、制备和该产品的用途。首先，说明书中对化学结构的说明应当足够明确，使本领域技术人员能确认该化合物，包括化合物的化学名称、分子式、结构式，以及各种官能集团、分子立体构型等。同时，还需提供与发明要解决的技术问题相关的化学、物理性能参数，如各种定性或定量的图谱与数据。其次，说明书中至少应当记载一种制备方法，说明实施所述方法所用的原料物质、工艺步骤和条件、专有设备等。最后，说明书中需要完整地公开该产品的用途及其使用效果。如果本领域技术人员无法根据现有技术预测到用途和使用效果，则说明书应当记载能够证明发明的技术方案可实现所述用途及其达到预期效果的定性或定量实验数据。撰写说明书时，不能仅仅有断言性描述，一定要有试验数据支撑。此外，涉及发明所要解决的技术问题与《专利法》第26条第3款之间的关系判断时，一是先确认本领域技术人员根据说明书的内容是否可以再现该技术方案；二是评判该技术方案是否解决了发明所要解决的技术问题；三是再评估该技术方案解决技术问题后所带来的技术效果。这是一种成本最优化的判断方式。因此，在撰写化学领域专利的说明书时，一定要记载相应的实验数据，并且公开的技术方案内容需要达到本领域技术人员可以实施的程度。

《专利审查指南》（2023）中明确指出，对于为了满足《专利法》第22条第3款创造性、第16条第3款充分公开要求而补交的实验数据，审查员应当审查，但是补交的实验数据所证明的技术效果应当是能够从专利申请公开的内容中推断出的。尽管在接受申请日后补交的实验数据方面，相关政策从之前的不接受转变为附条件接受，显示出趋向放宽的趋势，但对于化学领域、生物领域的专利申请文件撰写，说明书的撰写依旧需要非常谨慎，因为最初提交的申请文件从某种意义上决定了日后可以被接受的补交试验数据的内容。说明书中需要清楚记载实验对象、实验方法、实验设备和实验条件等，以确保本领域技术人员结合现有技术和公知常识，能够根据说明书中记载的内容获得实现该发明的技术方案，解决技术问题，并达到预期的技术效果。结合《专利审查指南》（2023）的具体案例，如果说明书中已经记载化合物 A 的制备实施例、降压作用和测定降压活性的实验方法，但未记载实验结果，由于原始申请文件中已经明确描述了该化合物的降压效果，也就是说，补交实验数据所要证明的技术效果能够从专利申请文件公开的内容中得到，则补交的化合物 A 的降压效果数据可以被接受。能够审查此类实验数据的前提是，补交数据所证明的技术效果是本领域技术人员根据说明书记载的内容可以直接获得的技术效果。虽然在《专利审查指南》中没有明确规定，但补交试验数据来源的实验条件、实验设备、实验材料都应是在申请日前或优先权日前本领域技术人员通过阅读说明书能够直接得到或容易想到的，认知水平也应符合在申请日前或者优先权日前本领域技术人员的水平。无论是专利行政审查机关还是司法机关，专利制度中的"先申请制"和"以公开换保护"的基本原则是采信补充试验数据的根本。同时，实验数据若作为证据，应该满足真实性、合法性和相关性。

案例六 技术方案中产品权利要求与方法权利要求创造性评判之间的关系

——广东天普生化医药股份有限公司与国家知识产权局专利复审委员会、第三人张亮发明专利权无效行政纠纷案

【案例问题】

属于一个总的发明构思的两项以上发明,可以作为一件申请提出。药品专利申请中具有特定技术特征的药物化合物、制备方法和用途发明可以合案申请。对于同时包含产品权利要求与方法权利要求的发明专利而言,如果方法权利要求具备创造性的情况下,产品权利要求是否也具备创造性?

【当事人】

再审申请人(一审原告、二审上诉人):广东天普生化医药股份有限公司。

被申请人(一审被告、二审被上诉人):国家知识产权局专利复审委员会。

【案情简介】

广东天普生化医药股份有限公司(以下简称天普生化公司)获得了名称为"纯化的乌司他丁及其制备方法和含有该乌司他丁的药物组合物"的发明专利,专利号为200610000200.2,申请日为2006年1月9日,公告授权日为2008年10月15日。2011年4月27日,张亮针对涉案专利权向国家知识产权局专利复审委员会(以下简称专利复审委员会)提出了无效宣告请求,请

求宣告涉案专利权利要求1-9全部无效。2011年11月14日，专利复审委员会作出第17576号无效宣告请求审查决定。宣告本专利的权利要求1、2、9无效，在权利要求3-8的基础上继续维持专利权有效。天普生化公司不服第17576号决定关于本专利权利要求1、8的认定，依法向北京市第一中级人民法院（以下简称一审法院）提起行政诉讼，一审法院维持了专利复审委员会作出的第17576号决定，天普生化公司不服原审判决，向北京市高级人民法院（以下简称二审法院）提出上诉，请求撤销原审判决和第17576号决定。二审法院驳回上诉，维持了原判。

再审申请人天普生化公司因与被申请人专利复审委员会发明专利权无效行政纠纷一案，不服二审法院作出的（2013）高行终字第191号行政判决，向最高人民法院（以下简称最高院）申请再审。最高院依法组成合议庭对本案进行了审查。

【法院判决】

一审法院认为，相对于对比文件2，涉案专利权利要求1所要解决的技术问题在于进一步纯化并得到具有更高纯度的乌司他丁。对比文件2已经给出纯化乌司他丁的技术启示，并提示以人尿激肽原酶为杂质控制目标的情况下，本领域技术人员有动机在此基础上运用常规的提纯方法进一步提高乌司他丁的纯度，权利要求1相对于对比文件2不具备创造性。权利要求8要求保护含有权利要求1的高纯度乌司他丁作为活性成分的药物组合物，对比文件1公开了一种含有乌司他丁的液体制剂，在权利要求1请求保护的乌司他丁产品相对于对比文件2不具备创造性的基础上，本领域技术人员结合对比文件1的教导容易想到将其制备成药物组合物。因此，一审法院维持了专利复审委员会作出的第17576号决定。

二审法院认为，涉案专利权利要求1所要解决的技术问题在于进一步纯化并得到具有更高纯度的乌司他丁。对比文件2已经给出纯化乌司他丁的技术启示，权利要求1请求保护的乌司他丁产品相对于对比文件2不具备创造性。在权利要求1请求保护的乌司他丁产品相对于对比文件2不具备创造性的基础上，本领域技术人员结合对比文件1的教导容易想到将其制备成药物组合物，权利要求9也不具备创造性。因此，二审驳回上诉，维持了原判。

最高院认为，尽管对比文件2公开的比活性低于本专利限定的比活性，但对比文件2已经给出了纯化乌司他丁的技术启示。天普生化公司并未提交证据证明，对乌司他丁产品的进一步提纯，需要克服特定的技术难题，以致超出了本领域技术人员掌握常规提纯方法的能力。最高院维持了二审涉案专利权利要求1相对于对比文件2不具备创造性的结论。由于权利要求1不具备创造性，对比文件1（公开号为JP7278015A的日本专利公开文本）已经公开一种含有乌司他丁的液体制剂的情况下，本领域技术人员很容易想到将权利要求1或权利要求2的产品制备成药物组合物。同时肯定了涉案专利权利要求3-8的纯化方法具有创造性，与权利要求1、2、9产品权利要求不具备创造性并不存在矛盾。因此，最高院驳回了天普生化公司的再审申请。

【案例评析】

本案入选2015年典型知识产权案件，涉及的专利经历了专利复审委员会的无效宣告，之后又经历了行政一审、行政二审和最高人民法院再审。对于一项同时包括产品权利要求和方法权利要求的发明专利而言，该案的判决在产品权利要求和方法权利要求创造性判断之间的关系上具有很强的指导意义。

涉案专利申请于2006年1月9日，由天普生化公司提出申请，名称为"纯化的乌司他丁及其制备方法和含有乌司他丁的药物组合物"，专利号为200610000200.2。该专利包括了九项权利要求，其中，权利要求1保护的是一种纯化的乌司他丁，权利要求3-8保护的是制备纯化的乌司他丁的方法，权利要求9保护的是含有权利要求1、2的纯化的乌司他丁作为活性成分的药物组合。涉案专利权利要求中保护了产品、方法和药物组合物。可见，该案涉及合案申请，里面包括三件不同的发明创造：纯化的乌司他丁、纯化的乌司他丁的制备方法以及含有纯化的乌司他丁成分的药物组合物。这些发明创造可以合案申请的理由是它们属于一个总的发明构思，并具有特定的技术特征。当一件申请包括多个发明创造时，只有当这些发明创造之间有一个总的发明构思，彼此相互关联的情况下，才能满足合案申请的要求。两项以上的发明创造在技术上相互关联，体现在它们的权利要求中包含相同或相应的特定技术特征。所谓特定技术特征，是指每个发明创造作为整体对现有技术作出贡献的技术特征。也就是说，合案申请的发明创造在技术上必须相互关联，这种相互关联体现在它们权利要求中有相同或者相应的特定技术特征。虽然有特定的技术特征，但每个发明创造都是独立的技术方案，从专利授权的角度讲，每项独立权利要求及其从属权利要求都必须满足专利性要求。涉案专利中的三个发明创造都是围绕纯化乌司他丁进行的发明创造，包括纯化的乌司他丁产品、纯化的乌司他丁的制造方法以及含有纯化的乌司他丁的药物组合物。它们在技术上彼此相互关联，属于一个总的发明构思。在涉案专利被宣告无效前，当时认为这三个发明创造拥有特定的技术特征——纯化的乌司他丁，因此满足了单一性的要求，可以合案申请。

我国《专利法》第22条规定："创造性是指与现有技术相比，该发明具有突出的实质性特点和显著的进步，该实用新型具有实质性特点和进步。"按照《专利审查指南》的规定，判断要求保护的发明相对于现有技术是否显而易见，通常依照三个步骤，首先，确定最接近的现有技术；其次，确定发明的区别特征和发明实际解决的技术问题；最后，判断要求保护的发明对本领域技术人员来说是否显而易见。

在本案中，争议焦点之一是权利要求1、2、9是否具有创造性。权利要求1保护的是一种高纯度乌司他丁。在无效宣告证据中，对比文件2，即公开号为JP5009200A的日本专利公开文本，已经披露了进一步纯化乌司他丁的技术启示。本领域技术人员基于其掌握的纯化方法，很容易想到利用这些方法来实现乌司他丁的进一步纯化。同时，天普生化公司并未提交证据证明，对乌司他丁进一步提纯需要超出本领域技术人员所掌握的常规方法之外的预见性，并需要克服特定的技术难题。因此，对于该产品权利要求而言，并不满足创造性的要求。

在针对涉案专利的方法权利要求的无效审查中，涉及制备纯化的乌司他丁产品的方法，与对比文件2、对比文件3和公知常识的结合相比，该方法权利要求满足《专利法》第22条第3款的规定，因此该方法专利的有效性得以维持。相对地，纯化的乌司他丁产品本身并不满足创造性要求，导致该产品权利要求被判定为无效，但制备纯化的乌司他丁产品的方法因其满足创造性要求，而成功维持了该方法权利要求的有效性。这一案例典型地涉及产品权利要求和方法权利要求创造性评判之间的关系。

纯化的乌司他丁产品不满足创造性要求，而其制备方法却满足创造性要求，此时，纯化的乌司他丁产品、纯化的乌司他丁产品的制备方法以及含有纯化乌司他丁的药物组合物三个不同的发明创造，已经不再具有合案申请的基础。虽然这些发明创造属于同一个发明构思，但它们不具备对现有技术作出实质性贡献的特定技术特征。

根据现有技术的启示，本领域技术人员获得这种纯化的乌司他丁技术方案，是显而易见可以完成的，因此该技术方案不具备创造性。然而，对于制备特定纯度的乌司他丁的方法，根据现有技术和现有文献，并非是显而易见完成的，而是需要创造性的过程。这种情形并不矛盾，因为很多已知物质虽然本身不是新颖的，但是这种物质的制备方法却可以通过技术人员的创新和优化，产生多种不同的制备方法，这些制备方法若满足授权条件，则可以获得专利权。通常情况下，如果某一个产品具有新颖性和创造性，那么生产这种产品的方法一般也具有新颖性和创造性。但是，如果产品并非由方法所唯一限定，即通过其他方法也能实现产品的制备，那么即使方法权利要求具备创造性，也不能必然得出产品权利要求也具备创造性的结论。

【案例启示】

当多个发明创造同时申请专利时，如果有两个或者两个以上的发明创造属于同一发明构思并拥有特定的技术特征，那么采取合案申请之策是不错的选择。通过将其作为一件申请文件提出，可以合并申请流程，从而节约申请成本。在确定合案申请前，要做好检索分析工作，充分考虑作为合案申请基础的特定技术特征，并确认这些特征在不同发明创造的权利要求中是否确实对现有技术作出了贡献。

在一份合案申请文件中，若同时包含产品权利要求与方法权利要求，通常情况下，如果产品权利要求满足新颖性和创造性的要求，那么该产品的方法权利要求往往也会满足新颖性和创造性的要求。反之，如果方法权利要求具备新颖性和创造性，并不能必然得出产品权利要求也具备创造性的结论。

案例七　将某种处方已知的药物由某常规剂型改换为另一种剂型创造性的判断

——北京亚东生物制药有限公司诉国家知识产权局专利复审委员会发明专利权无效行政纠纷案

【案例问题】

任何药物在临床使用时都必须制成适合医疗和预防应用的形式，这种特定的形式被称为药物的剂型。通过将药物制成不同的剂型，可以确保药物用量的准确性，同时增加药物的稳定性，方便储存、运输和携带。对于某种处方已知的药物，由常规剂型改换成另一种剂型，如何判断是否具备创造性？

【当事人】

再审申请人（一审原告、二审被上诉人）：北京亚东生物制药有限公司。

被申请人（一审被告、二审上诉人）：国家知识产权局专利复审委员会。

【案情简介】

北京亚东生物制药有限公司（以下简称亚东制药公司）是名称为"治疗乳腺增生性疾病的药物组合物及其制备方法"的发明专利的专利权人，申请日为2005年1月11日，申请号为200510000429.1，授权公告日为2009年4月1日。2010年3月10日，山东华洋制药有限公司向国家知识产权局专利复审委员会（以下简称专利复审委员会）提出宣告本专利权无效的请求。2010年10月15日，专利复审委员会作出第15409号无效宣告请求审查决定（以下简称第15409号决定），认定本专利不具备2000年修正的《专利法》第22

条第 3 款规定的创造性，宣告本专利权全部无效。亚东公司不服第 15409 号决定，向北京市第一中级人民法院（以下简称一审法院）提起行政诉讼。一审法院判决撤销了第 15409 号决定，要求专利复审委员会重新作出无效宣告请求审查决定。专利复审委员会不服一审判决，向北京市高级人民法院（以下简称二审法院）提起上诉。二审法院判决撤销了一审法院作出的（2011）一中知行初字第 675 号行政判决，维持了专利复审委员会作出的第 15409 号决定。再审申请人亚东制药公司不服二审法院 2013 年 2 月 21 日作出的(2011) 高行终字第 1704 号行政判决，向最高人民法院（以下简称最高院）提出再审申请。最高院依法组成合议庭对本案进行了审查。

【法院判决】

一审法院认为，与证据 1 相比，权利要求 1 中的区别技术特征主要体现在两个方面：首先，在制备颗粒剂的过程中，加入辅料之前省去了"减压干燥成干浸膏，粉碎"的步骤；其次，"加入的辅料为蔗糖 500g 以及淀粉和糊精适量"。

第一个区别技术特征，证据 1 及公知常识性证据 3 均未提供省略"减压干燥成干浸膏，粉碎"工艺的教导或启示，因此，权利要求 1 具有突出的实质性特点。对于新型化学产品，尤其是药物组合物产品，由于未经测定并不知晓制作工艺的改变对于最终产品中的各种活性成分到底造成了何种影响，加之化学产品的发明在多数情况下必须借助试验结果加以证实才能得到确认这一公认的领域特点，涉案专利权利要求 1 的化学产品发明的整体技术效果是难以直接预期的。说明书中的实施例显示，颗粒剂的总有效率为 95.70%，而对照例的证据 1 中的片剂的总有效率为 89.32%。《专利审查指南》规定，发明有显著的进步，是指发明与现有技术相比能够产生有益的技术效果。涉案产品在临床疗效上高于证据 1 的乳块消片剂 6.38%，在所取得的技术效果上显然符合《专利法》第 22 条第 3 款有关"显著进步"的要求。第二个区别技术特征，蔗糖、淀粉和糊精均为本领域公知的颗粒剂常用辅料，其用量也是常规的，因此，该区别技术特征"加入的辅料为蔗糖 500g 以及淀粉和糊精适量"，属于常规技术手段，并不满足创造性的要求。因此，一审法院撤销了第 15409 号决定，要求专利复审委员会重新作出无效宣告请求审查决定。

二审法院的争议焦点是，权利要求 1 在制备颗粒剂的过程中省去了"减压干燥成干浸膏，粉碎"的步骤，是否使本专利权利要求 1 相对于证据 1 整体上非显而易见。二审法院认为，将证据 1 中的片剂改换成颗粒剂，即将某种处方已知的药物，由常规剂型改换成另一种剂型，是本领域技术人员的常见做法，而且该专利的颗粒剂制备方法也是证据 3《中华人民共和国药典（2000 年版第一部）》附录 7 中记载的两种常规颗粒剂制备方法之一，之所以相对于证据 1 省去了"减压干燥成干浸膏，粉碎"的步骤，是因为采用了《中华人民共和国药典（2000 年版一部）》中记载的颗粒剂的两种常规制备方法之一。同时，省略该步骤所导致的最终效果的改变是本领域技术人员可以意料的，权利要求 1 并未展现出任何意料不到的技术效果。因此，二审法院撤销了一审法院作出的（2011）一中知行初字第 675 号行政判决，维持了专利复审委员会作出的第 15409 号决定。

最高院认为，片剂和颗粒剂均为中药领域的常见剂型，在对技术效果存在合理预期的情况下，面对本专利实际要解决的剂型改换的问题时，本领域技术人员容易想到结合证据 3《中华人民共和国药典（2000 年版一部）》公开的将中药提取物制成颗粒剂的常规制备方法。活性成分与制备方法有关，在提取条件相同的情况下，一般不会导致提取物存在根本性的区别。由于常规颗粒剂制备方法的两种具体方法均不含减压干燥步骤，本领域技术人员对本专利所采用的颗粒剂的常规制备方法有利于保持药物活性、产品易于崩解、药物溶出度和生物利用度好具有普遍的预期，由此提高药物有效率也在合理预期之内。因此，最高院认为该专利权利要求 1、2、3 都不具备创造性。

【案例评析】

本案是 2014 年中国法院十大知识产权案件之一，涉及将某种处方已知的药物由常规剂型改换成另外一种常规剂型，如何判断是否具有创造性的问题。涉案专利经历了专利复审委员会的无效宣告，之后又经历了行政一审、行政二审和最高院再审。对于药品来讲，剂型的改换往往是后期研发的一项内容，该案例对于药品剂型改换的创造性评判具有典型的指导意义。

涉案专利保护了已知配方药物的新的剂型及其制备方法。在药物研发方面，对处方已知的药物的剂型进行改进，往往是对已上市药品的剂型进行改进，也是本领域技术人员的常规做法。涉案专利在处方已知的基础上，将原有药物改为颗粒剂剂型，涉案专利权利要求 1 与证据 1《中华人民共和国药典（2000 年版一部）》中记载的内容相比，二者涉及的药物在功能主治、组成成分、配比以及主要制备步骤方面均相同，二者的区别在于，涉案专利在制备颗粒剂的过程中，在加入辅料之前省去了"减压干燥成干浸膏，粉碎"的步骤，并具体规定了"加入的辅料为蔗糖 500g 以及淀粉和糊精适量"。此外，与《中华人民共和国药典（2000 年版一部）》规定的相对密度为 1.25 - 1.30 相比，涉案专利将其进一步限定为 1.28。涉案专利采用的颗粒剂制备方法是本领域公知的常规制备方法，本领域技术人员很容易想到在原有处方的基础上，选用颗粒剂常用辅料，权利要求 1 并未展现出任何意料不到的技术效果。

再审时，亚东制药公司主张涉案专利实际解决的技术问题是提高丹酚酸 b 的含量，而非改变剂型。《专利法》第 26 条第 3 款明确规定，说明书应当对发明或者实用新型作出清楚、完整的说明，以所属技术领域的技术人员能够实现为准。也就是说，为了获得专利权，该项发明创造相对于现有技术的技术贡献必须充分公开，以便本领域技术人员能够重复实现。独立权利要求应当从整体上记载发明创造的技术方案，包括记载解决技术问题的必要技术特征。通常，前序部分应写明与最接近现有技术的必要技术特征，而特征部分应写明区别于最接近现有技术的区别技术特征。在判断发明创造实际解决的技术问题时，应根据发明创造与现有技术的区别技术特征，以及这些特征在要求保护的发明中所能达到的技术效果来判定。发明实际解决的技术问题是指为了获得更好的技术效果而需对最接近现有技术进行改进的技术任务。[①] 对于涉案专利而言，权利要求 1 记载了治疗乳腺性疾病的药物组合物配方，该配方与《中华人民共和国药典（2000 年版一部）》中的配方完全相同，而记载的制备方法与现有技术存在区别，该制备方法可以制备颗粒剂剂型。从

[①] 参见国家知识产权局：《专利审查指南 2010》，知识产权出版社 2021 年版，第 174 页。

区别技术特征可以看出，该发明创造要解决的技术问题是将剂型由原本的片剂转变为颗粒剂。然而，权利要求书和说明书中都没有记载丹酚酸 b 的功能和效果方面的内容，专利说明书也没有记载提高丹酚酸 b 含量的内容，更没有记载丹酚酸 b 含量的提高可以有效改善乳块消片临床效果的内容。本领域技术人员阅读涉案专利权利要求书和说明书后，无法得知该发明创造所要解决的技术问题是提高丹酚酸 b 的提取物含量。因此，在再审中，再审请求人提出的以提高丹酚酸 b 的含量来证明该专利具备创造性的再审理由没有得到支持。

说明书和权利要求书是记载发明或者实用新型及确定其保护范围的法律文件，说明书应清楚完整地描述发明创造的技术方案和有益效果。《专利法》第 33 条规定，申请人可以对其专利申请文件进行修改，但是，对发明和实用新型专利申请文件的修改不得超出原说明书和权利要求书记载的范围。申请人在申请日提交的原说明书和权利要求书记载的范围是向社会公众公示其发明创造要求保护的范围，同时这些文件也是确定专利申请是否可以获得授权的基础。专利制度对于创新者而言，是以公开换保护，发明创造完成者第一次提交专利申请文件时，需要向社会公众明确其希望获得权利保护的范围以及发明创造的范围，这实质上是一种公示。公示的目的是产生公信力，专利申请人向公众展示发明创造的内容以及希望获得权利保护的范围，社会公众就有理由产生合理的信赖，相信所公示的内容是确定且正确的。没有公信力的公示在民法上是没有意义的。对于无体物作为财产，比有体物更需要清晰透明的公示，以明晰权利的所有者和权利的边界等。在申请日提交的专利申请文件中没有记载的技术内容以及有益效果，不能作为要求获得专利权保护的基础。

在具体的审查实践中，如果专利权人在申请日之后提交的技术文献用于证明没有在专利说明书中加载的内容属于专利申请日之前的公知技术常识，或者用于证明申请日之前本领域技术人员的知识水平和认知能力，这类证据一般可以接受。除此之外的其他情况，这些后续提交的文献都不应作为判断是否获得专利权的依据。在本案中，最高院没有支持亚东制药公司提出的以提高丹酚酸 b 的含量来证明该专利具备创造性的再审理由，因为涉案专利权利要求书和说明书中都没有记载提高丹酚酸 b 的含量的技术内容。

发明取得了意料不到的技术效果，是指与现有技术相比，该发明在技术效果上产生了"质"的变化，具有新的性能；或者产生了"量"的变化，超出人们预期的想象。这种"质"或"量"的变化，对本领域技术人员来说，事先无法预测或者推理出。①《专利审查指南》中，对于"量"的变化，其衡量的标准在于是否超出了所属技术领域技术人员的预期或者推理的范围。现有技术启示越明确，技术人员的可预测性就越高。

在本案中，最高院认为涉案说明书试验例 3 记载的药物总有效率为 95.70%，明显高于证据 1 中按照《中华人民共和国药典（2000 年版一部）》标准生产的乳块消片的总有效率 89.32%。涉案专利在临床疗效上优于最接近现有技术证据 1 的总有效率，这主要归功于涉案专利所限定的制备方法本身。涉案专利权人未能举证证明这一效果超出了本领域技术人员的预期。在化学医药领域，结果主要依靠试验数据支撑，技术效果的可预期性较低。如果选用的实验方法与常规方法比较接近，要满足专利授权的创造性标准，通常需要存在意料不到的技术效果。由于这种技术效果是事先无法预测与推理出的，因此需要对照实验数据以及相应的数据统计分析来证明发明创造的技术效果优于现有技术。

【案例启示】

在药品领域，特别是中药领域，对某种处方已知的药物改换剂型，是本领域技术人员的常规做法。在现有技术中，若已经存在某种剂型的制备方法，或者已经存在相关的公知技术，并提供了明确的技术启示，那么剂型改换的发明创造可能创造性不会很高。如果仅仅解决剂型改换的问题，那么专利申请文件在撰写过程中一定要体现出满足授权要件。建议在撰写时，认真地研究技术交底资料，从不同角度挖掘可能具有新颖性和创造性的内容，确定发明要解决的技术问题、具体的技术方案和技术效果。

---

① 参见国家知识产权局：《专利审查指南 2010》（2019 年已修订），知识产权出版社 2020 年版，第 184 页。

在专利被宣告无效后提起的行政诉讼中，提出诉讼理由时，不仅需要针对专利无效决定的内容，同时一定要结合专利文件本身，根据授权文本中权利要求书和说明书等记载的内容进行论证。若在诉讼中试图对专利文本中的内容进行扩大性解读，超出其本身记载的内容，或者利用不能从专利文本中记载的内容来论证满足授权的实质性条件，此类主张在诉讼中可能得不到支持。

案例八　仅体现于用药行为中的特征对权利要求保护的制药方法是否具有限定作用

——卡比斯特制药公司诉国家知识产权局专利复审委员会发明专利权无效行政纠纷案

【案例问题】

物质的医药用途发明是一种方法发明，权利要求属于方法类型，技术特征也应从方法权利要求的角度进行分析。实践中撰写物质的医药用途权利要求时，通常会采用给药对象、给药形式、给药剂量、时间间隔等特征进行限定。这些技术特征究竟属于制药方法，还是用药行为，它们是否对权利要求起到限定作用，以及是否由于这些技术特征的存在而使物质的医药新用途和已知用途有实质性不同？

【当事人】

再审申请人（一审原告、二审上诉人）：卡比斯特制药公司（CubistPharmaceuticals, Inc.）。

被申请人（一审被告、二审被上诉人）：国家知识产权局专利复审委员会。

一审第三人：肖红。

【案情简介】

卡比斯特制药公司（以下简称卡比斯特公司）于1999年9月24日向国家知识产权局申请了名称为"抗生素的给药方法"的发明专利，并于2004

年 5 月 19 日获得授权，专利号为 99812498.2，要求 US60/101,828 和 US60/125,750 为优先权，优先权日分别为 1998 年 9 月 25 日和 1999 年 3 月 24 日。

2008 年 6 月 4 日，肖红对涉案专利向专利复审委员会提出无效宣告请求。2009 年 4 月 7 日，专利复审委员会作出第 13188 号决定，宣告本专利权全部无效。卡比斯特公司以第 13188 号决定事实认定不清、适用法律错误为由，向北京市第一中级人民法院（以下简称一审法院）提起行政诉讼。一审法院认为给药剂量、重复给药和时间间隔，仅体现在用药过程中，并没有体现在制药过程中，对于这种改进，制药用途权利要求并不能给予保护，以（2009）一中行初字第 1847 号行政判决维持了第 13188 号决定。卡比斯特公司不服该一审判决，向北京市高级人民法院（以下简称二审法院）提起上诉。二审法院作出（2010）高行终字第 547 号行政判决，驳回上诉，维持原判。卡比斯特制药公司不服二审判决，向最高人民法院（以下简称最高院）申请再审。

【法院判决】

一审法院和二审法院均认为，"不产生骨骼肌毒性"以及给药剂量、重复给药和时间间隔等特征，对制药用途的权利要求没有限定作用，不能赋予其所主张保护的技术方案以新颖性和创造性，因此驳回了原告的诉讼请求。

最高人民法院认为，"不产生骨骼肌毒性"不是患者在施用潜霉素之前呈现的症状，而是患者在施用潜霉素之后身体中某些指标发生变化的结果，体现的是药物本身是否具有毒副作用。涉案专利中涉及药物使用方法的特征，例如药物的给药剂量、时间间隔等，与制药方法之间并不存在直接关联，对权利要求请求保护的制药方法本身不具有限定作用。因此，涉案专利的权利要求不具备新颖性和创造性。

【案例评析】

本案是 2013 年中国法院十大创新性知识产权案件之一。它涉及物质医药用途权利要求的撰写问题，特别是如何通过用药时间、用药剂量等技术特征进行限定，以及在专利授权中，这样的限定是否对制药方法本身产生限定作用的问题。涉案专利经历了专利复审委员会的无效宣告后，又经历了行政一审、行政二审和最高院再审。对于医药物质的新用途发明的撰写而言具有典型的指导意义。

在化学领域的发明专利申请中，涵盖了化合物、配方、制剂、制备工艺、晶型、杂质等多种客体。按照《专利法》第 25 条第 1 款第 3 项的规定，虽然"疾病的诊断和治疗方法"不能被授予专利权，但药品和药品的制备方法是可以被授予专利权的。对于已知物质的医药用途发明，如果采用"化合物 X 作为制备治疗 Y 病药物的应用"这种瑞士型权利要求的表述形式，则其属于制药方法类型的用途权利要求，不属于《专利法》第 25 条第 1 款第 3 项规定的不可授予专利权情形。

涉案专利的名称为"抗生素的给药方法"的发明专利，权利要求 1 保护的是潜霉素在制备用于治疗细菌感染且不产生骨骼肌毒性的药剂中的用途。具体而言，该用途涉及的使用剂量是 3～75mg/kg 的潜霉素，并需重复给予所述的剂量，剂量间隔是每隔 24 至 48 小时一次。

权利要求 1 指出，潜霉素的用途是治疗细菌感染且不产生骨骼肌毒性。现有技术已经公开了潜霉素可用于治疗多种革兰氏阳性菌感染，但高剂量使用时可能会出现可逆性的骨骼肌毒性。因此，产生骨骼肌毒性是服用潜霉素的毒性反应。关于毒副作用的表述，并没有使潜霉素与现有技术公开的潜霉素已知用途产生实质性差异。

当涉及已知产品的第二医药用途时，制药用途类型的权利要求中常包括药物用量、给药时间、给药频次、特定给药方法等特征。上述给药特征是否对权利要求有限定作用呢？正如权利要求 1 所示，虽然提到了给药剂量、时间间隔等限定，但这些技术特征仅属于用药行为，与制药方法没有直接、必然的关联性，并未对潜霉素的新用途和已知用途产生实质性影响，因此对权利要求请求保护的制药方法本身不具有限定作用。涉案专利的技术方案是在给药剂量和给药时间上的改进，这种改进仅属于用药方法的改进，并没有改变潜霉素的抗菌机理、抗菌谱以及杀菌活性，也没有改变其治疗疾病的已知用途。从医药物质的新用途角度来看，剂量和用药时间的改变并没有对新用途产生任何实质性作用。用途发明的本质在于物质的新应用性能，属于方法发明，权利要求属于方法类型。真正限定制备方法的特征应包括原料、制备步骤、反应条件和反应参数等，这些技术特征使得物质具有新的医疗用途，但往往实际中，这一用途很难表现在产品的制备过程中。① 给药剂量、时间间隔、用药频率等属于具体的用药方法，与已知物质的功能用途没有直接的关联性和必然性，与获得已知物质功能用途的制备方法也没有直接的关联性和必然性。因此，这种仅体现在用药行为中的技术特征很难对用途专利权利要求保护的制备方法本身产生限定作用。正如《专利审查指南》所指出的，在化学产品用途发明的新颖性方面，给药对象、给药方式、途径、用量及时间间隔等与使用有关的特征，若仅体现用药过程中的区别，不能使该用途具有新颖性。②

在药物的研发中，开发已知药物的新用途和疗效，即发现新的适应症，也是研发的一项重要内容。不同国家对于疾病的诊断和治疗方法是否可以授予专利权的态度不同。《Trips 协议》第 27 条第 3 款规定，各成员可拒绝对人类或动物的诊断、治疗和外科手术方法授予专利权。2000 年修订的《欧洲专利公约》第 53 条（c）项中也明确规定，"作用于人体或者动物的手术、治疗和诊断方法不授予专利权；但是这一规定不包括用于上述任何一种方法中的产品，尤其是物质或者组合物"。可见，《欧洲专利公约》将疾病的诊断和治疗方法排除在专利授权范围之外，同时允许药品及其制备方法获得专利保护。我国《专利法》第 25 条第 3 项中也明确规定，疾病的诊断和治疗方法不授予专利权，但药品及其制备方法属于专利保护的客体范围。

在那些对疾病的诊断和治疗方法不授予专利权的国家，在药物研发中都会面临一个共同的问题，即如何撰写已知物质新治疗用途的权利要求呢？如果允许撰写产品权利要求，相当于对已知物质再申请专利，存在新颖性问题；如果允许撰写用途权利要求，相当于保护了已知物质用于治疗某种疾病的用

---

① 参见王国柱、王占军、张超：《第二医药用途发明专利保护问题探析》，载《医学与社会》2015 年第 4 期。

② 参见国家知识产权局：《专利审查指南 2010》（2019 年已修订），知识产权出版社 2020 年版，第 297 页。

途，有悖于疾病的诊断和治疗方法不能授予专利权。[①] 1973年制定的《欧洲专利公约》在这个问题上作出了重要的突破，第54条第5款规定，新颖性的规定不应排除任何用于疾病诊断治疗方法的已知物质或组合物的专利性，其前提条件是这种已知物质或组合物在申请日之前没有被用于任何疾病的诊断治疗方法。可见，1973年的《欧洲专利公约》为已知物质的第一医药用途发明打开了新颖性的大门，隐含了允许撰写主题名称是"一种用于治疗A病的物质Z"或"一种用于治疗疾病A的以物质X为有效成分的组合物"的权利要求。然而，1973年《欧洲专利公约》没有对第二医药用途发明的专利性问题作出规定，根据早期的《欧洲专利公约》，当某种物质的医药用途已经为公众所知，那么再将它用于治疗其他疾病则不能获得专利权，即拒绝了对物质第二医药用途发明授予专利权。随着医药产业界研发需求的增长，对已知物质第二医药用途提供专利保护的呼声越来越大，欧洲专利局的扩大申诉委员会也遇到这一问题的困扰，如用于治疗缓解胃溃疡和肠溃疡等引起的痉挛性疼痛的溴化丁氧基卡基天仙子胺，被发现也可以用于治疗耳鸣和耳聋。[②] 在欧洲专利局扩大申诉委员会的G5/83号决定中，肯定了瑞士专利局提出的"物质X在制备治疗疾病Y的药物中的用途"这一类型的权利要求。由于这一类型权利要求是1984年瑞士专利局首次提出的，因此被称为"瑞士型权利要求"或"瑞士型医药用途专利要求"。[③] 2000年，《欧洲专利公约》进行了修订，经过漫长的各成员国批准程序，该协议于2007年正式生效。根据《欧洲专利公约》第54条第5款关于新颖性的规定，如果现有技术已经披露了某种物质的医药用途，对于要求保护以另一种特定方式用于手术、诊断或者治疗方法的该物质或者组合物的欧洲专利申请，只要没有任何现有技术披露过该物质或组合物的这种特定用途，则该欧洲专利申请仍然具备新颖性。[④] 修订后的《欧洲专利公约》为已知物质第二医药用途的发明打开了专利的大

[①] 参见尹新天：《中国专利法详解》，知识产权出版社2011年版，第346页。
[②] 参见欧洲专利局扩大申诉委员会第G5/83号决定。
[③] 参见陈哲锋：《瑞士型权利要求的发展和借鉴》，中华全国专利代理人协会年会暨首届知识产权论坛2010年年会论文。
[④] 参见尹新天：《中国专利法详解》，知识产权出版社2011年版，第349页。

门。之后，随着医药技术的发展，申请人在瑞士型权利要求中开始用给药剂量、给药时间、给药频次、给药对象和途径等用药特征来对权利要求进行限定，欧洲专利局原本认为这些特征属于 1973 年《欧洲专利公约》第 53 条（c）项中规定的不予授权的客体，但在 Genentech 案 TI1020/03 号决定中，技术申诉委员会进一步拓宽了瑞士型权利要求的适用范围，将给药剂量和给药方式作为评价新颖性和创造性的基础。直到 2010 年，欧洲专利局扩大申诉委员会作出了 G02/08 号决定，接受了以用途限定的产品形式的权利要求，否定了瑞士型权利要求存在的必要性。[①] 目前，欧洲所接受的医药用途权利要求的撰写形式为"用于治疗 Y 疾病的物质 X"（Compound X for use in the treatment of diseases Y）或与之类似的形式。

虽然欧洲专利局已经放弃了瑞士型权利要求，但在我国，这种权利要求仍然被采用。根据《专利审查指南》（2023）的规定，我国药品及其制备方法均可依法授予专利权。因此，物质的医药用途发明可以通过药品权利要求，或者例如"在制药中的应用""在制备治疗某病的药物中的应用"等属于制药方法类型的用途权利要求来申请专利，这并不属于《专利法》第 25 条第 1 款第 3 项规定的不可授予专利权的情形。权利要求可以撰写成"化合物 X 作为制备治疗 Y 病药物的应用"或类似的形式。[②]

瑞士型权利要求保护的是物质的医药用途，包括第一医药用途和第二医药用途。给药方法、给药途径、给药时间等属于用药特征，限定的是具体的用药行为。随着医药技术的发展和创新，药企在给药方法、给药途径、给药时间、给药频率等其他用药特征方面也不断创新，同时希望这些创新也获得专利保护。通常，药业会采用瑞士型权利要求，以限定某种药物的制备方法来获得用途发明的保护。

在我国，对于瑞士型权利要求，尤其是通过给药方法、给药途径、给药时间、给药频率等用药特征来限定制药方法类型的权利要求，在司法实践中

---

① 参见李彦涛：《物质的制药用途专利中的用药特征研究》，载《法制与社会》2019 年第 34 期。

② 参见国家知识产权局：《专利审查指南 2023》，知识产权出版社 2024 年版，第 314 页。

和学术界存在不同的观点。如表 8-1① 所示，在专利无效审查和司法实践中，专利复审委员会和法院对于以给药途径、给药方式、给药时间等用药特征限定的制药方法类型的权利要求一般不予支持。在本案中，涉及给药剂量、给药时间间隔限定的潜霉素在制备用于治疗细菌感染且不产生骨骼肌毒性的药剂中的用途中，最高院认为，给药剂量、给药时间等在涉案专利中仅仅体现的是用药行为，并没有对制药过程本身产生任何限定作用。

表 8-1 关于我国第二医药用途专利案件情况的统计

序号	案件	专利权人	限定特征	是否给予保护	时间及理由	涉案产品及可延长保护
1	河南天方诉默克公司"增发新药"专利无效案（94194471.9）	美国默克公司	给药剂量、给药方式	复审委：反对 一审法院：反对 二审法院：反对	2004-2008 年无创造性	非那雄胺，9 年
2	正大天晴诉施贵宝"恩替卡韦"专利无效案（200510128719.4）	美国施贵宝公司	给药对象	复审委：支持 一审法院：支持 二审法院：反对 最高院：反对	2011-2014 年无创造性	恩替卡韦，9 年
3	肖红诉卡比斯特潜霉素专利无效案（99812498.2）	美国卡比斯特制药公司	给药剂量、周期	复审委：反对 一审法院：反对 二审法院：反对 最高院：反对	2009-2013 年无新颖性	达托霉素，16 年
4	肖红诉诺华公司"唑来膦酸"专利无效案（01811368.0）	瑞士诺华公司	给药对象、给药方式、时间间隔	复审委：反对	2011 年无新颖性	唑来膦酸，8 年（行政保护至 2013 年 8 月）
5	江苏恒瑞诉欧里恩公司"右旋美托咪定"专利无效案（99804627.2）	芬兰欧里恩公司，赫恩公司	给药对象、给药方式、给药途径、用量及时间间隔	复审委：反对	2001 年无新颖性	右旋美托咪定，11 年

---

① 数据来自冯金、许淑文、石瑛：《从产业角度看我国对第二医药用途发明专利的保护问题》，载《中国新药杂志》2017 年第 15 期。

续表

序号	案件	专利权人	限定特征	是否给予保护	时间及理由	涉案产品及可延长保护
6	促红细胞生成素的玻璃体腔内给药，复审案（200780024339.3）	中国科学院上海生命科学研究院	给药剂量、周期、频次	复审委：反对	2015年无创造性	促红细胞生成素
7	用于治疗子宫内膜组织子宫外增生、慢性骨盆疼痛和输卵管梗阻的方法，复审案（00813196.1）	德国赞塔里斯股份公司	给药途径、给药剂量和联合用药	复审委：反对	2008年无创造性	西曲瑞克
8	L-肉碱用于治疗心血管疾病的用途，复审案（200480001514.3）	意大利希格马托制药工业公司	约药对象、给药方式、给药途径、用量	复审委：反对	2010年无创造性	左旋肉碱
9	用于改善呼吸系统疾病患者睡眠质量的阿地铵的制作方法，复审案（200880005871.5）	西班牙阿尔米雷尔有限公司	给药对象、给药方式、给药途径、用量	复审委：反对	2013年无创造性	阿地铵
10	用干扰素治疗肺病的方法，复案审（200580052105.0）	美国纽约大学	给药对象、给药方式、给药途径、用量及时间间隔	复审委：反对	2013年无创造性	干扰素

在这个问题上，学术界存在两种不同的观点。一种观点认为，给药剂量等特征属于用药特征，不能在制药用途权利要求中起到限定作用，不能使该用途具有新颖性。[①] 另一种观点认为，从保护专利权人的角度出发，制药用途权利要求中的用药特征应该对权利要求起到限定作用。[②] 对这一问题的争论本质上涉及是否对用药途径、用药特征、用药时间频率等用药方式上的创新给予专利保护。一种观点认为，在专利审查中应当调整医药用途发明的审

---

① 参见佟姝：《剂量特征能否对制药用途权利要求产生限定作用》，载《中国专利与商标》2009年第4期。

② 参见郑永锋、范立君：《药物用途专利保护的发展趋势》，载《中国专利与商标》2010年第3期。

查标准，加强医药用途发明的保护，适当考虑给药特征的限定作用。① 另一种观点认为，考虑到我国产业的实际需求，如果对以用药途径、用药时间、用药频率等限定的第二医药用途给予专利保护，可能不利于我国医药产业界的发展。②

专利制度具有地域性，其目的是促进科技创新，推动社会科技进步和技术传播。专利制度对科技创新和社会发展具有促进作用，但其制度设置需要与社会经济和科技发展水平相适应。我国医药专利制度的保护强度也需要与我国生物医药产业发展水平相适应。对专利制度的任何微小调整都需要综合考虑产业需要、社会影响、国家利益、国际关系等多方面的因素，并从战略高度进行考虑。医药产业的发展与人民的生命健康息息相关，医药专利制度不仅需要考虑创新，也需要考虑公共健康。

药品研发风险高、周期长、投入大、回报大。在所有领域中，生物医药产业对知识产权的依赖程度最高。药品从研发到上市，每一个阶段都可能孕育创新，即使在用药阶段、用药途径、用药时间、用药频率等方面的创新亦屡见不鲜。是否对这些用药阶段的创新给予专利保护，需要具体考虑我国生物医药产业需求、公共健康以及社会影响等多方面因素，以促进我国生物医药产业的健康发展。如果对用药阶段的创新给予专利保护，是否适合选用医药用途专利来进行撰写表述呢？对这一问题的回答，需要回归到医药用途专利保护的本质以及保护物质医药用途的瑞士型权利要求产生的背景与发展历程。

医药用途专利属于方法专利，保护的对象是物质的新用途。具体而言，医药物质的新用途专利，技术贡献不在于医药物质本身，而在于该医药物质的新用途，一种之前不为人知的新用途。对于采用瑞士型专利要求撰写的物质的医药用途专利，保护的客体是该物质的新用途，撰写的时候采用了方法专利的撰写形式，如"在制药中的应用""在制备治疗某种疾病的药物中的

---

① 参见曲燕、陈欢、宗绮：《给药特征限定的医药用途发明专利性探讨》，载《知识产权》2012年第10期。

② 参见冯金、许淑文、石瑛：《从产业角度看我国对第二医药用途发明专利的保护问题》，载《中国新药杂志》2017年第15期。

应用"，目的是规避疾病的诊断和治疗方法不能成为专利保护客体的问题。撰写方法发明专利时，限定的内容要体现医药物质的新用途，保护的客体是某种已知医药物质的新用途。在医药用途专利中，也可以使用给药剂量、给药时间、给药方式等限定，但这些限定方式一定要体现该医药物质的新用途，这样才能对权利要求起到限定作用。如果仅是用药行为的创新，如改变给药剂量、给药时间、给药方式、给药途径等特征，并获得了有益的技术效果，但这些具体的用药行为的创新与要求保护的物质新用途的发明创造并没有必然的联系。因此，不建议将这些用药行为的创新，套用瑞士型权利要求的形式进行撰写，因为瑞士型权利要求旨在保护已知物质的新医药用途，而与具体的用药行为没有必然联系。

医药创新方面的发明创造保护范畴不断扩展，如果用药行为的创新被纳入专利保护范围，虽属于方法专利，但不宜套用瑞士型权利要求的撰写方式，因为瑞士型权利要求旨在保护已知物质的新医药用途，而非用药行为本身。

【案例启示】

药品研发具有难度大、风险高、周期长、收益高的特点。一般成功开发出一个药品后，药企通常会围绕这个药品进行一系列专利布局。在已知医药物质研发出新用途的专利申请中，作为方法权利要求，技术特征需要对制药用途产生限定作用。撰写这类申请文件时，对权利要求有限定作用的技术特征必须与制药用途相关，仅仅是用药方式的改变，譬如给药剂量、给药方案、给药时间、给药频次、应用部位等的变化，如果这些用药方式与新用途或制药方法没有任何关联，则无法对权利要求产生任何限制作用。撰写这类权利要求时，技术特征的选择应该与要求保护的新用途相关，譬如药品物质用途特征、与该用途相关的药品制备特征、疾病适应症特征等，以准确限定该已知医药物质的新用途。

案例九　马库什权利要求的创造性判断方法和对马库什权利要求修改的限制

——国家知识产权局专利复审委员会与北京万生药业有限责任公司、第一三共株式会社发明专利无效行政纠纷案

【案例问题】

如果一项申请在一个权利要求中限定多个并列的可选择要素，则构成"马库什"权利要求。马库什权利要求是化学医药领域一种特殊的权利要求撰写方式，解决化学医药领域中化合物的多个取代基集团缺乏共同上位概念的问题。作为一类特殊的权利要求撰写方式，马库什权利要求是马库什要素的集合，还是化合物的集合？对马库什权利要求修改的限制是什么？对马库什权利要求的创造性如何判断？

【当事人】

再审申请人（一审被告、二审被上诉人）：国家知识产权局专利复审委员会。

被申请人（一审原告、二审上诉人）：北京万生药业有限责任公司。

一审第三人：第一三共株式会社。

【案情简介】

第一三共株式会社是名称为"用于治疗或预防高血压症的药物组合物的制备方法"，专利号为97126347.7的发明专利的权利人。2010年4月23日，北京万生药业有限责任公司（以下简称万生公司）针对本专利权向国家知识

产权局专利复审委员会（以下简称专利复审委员会）提出无效宣告请求。

2010年8月30日，第一三共株式会社针对该无效宣告请求陈述意见，同时对其权利要求书进行了修改，其中包括：删除权利要求1中"或其可作药用的盐或酯"中的"或酯"两字；删除权利要求1中R4定义下的"具有1至6个碳原子的烷基"；删除权利要求1中R5定义下除羧基和式COOR5a（其中R5a为（5-甲基-2-氧代-1,3-二氧杂环戊烯-4-基）甲基）外的其他技术方案。2011年1月12日，专利复审委员会进行了口头审理。在审理过程中，专利复审委员会告知第一三共株式会社，其于2010年8月30日提交的修改文本中，对于删除权利要求1中"或酯"的修改予以认可，但其余修改不符合2002年修订的《专利法实施细则》第68条的相关规定，该修改文本不予接受。第一三共株式会社和万生公司对此无异议。2011年1月14日，第一三共株式会社提交了意见陈述书和修改后的权利要求书替换页，其中删除了权利要求1中的"或酯"。据此，第一三共株式会社2011年1月14日提交的权利要求第1项，授权公告的说明书第1-195页及说明书摘要，是审查所依据的文本。2011年4月1日，专利复审委员会作出第16266号无效宣告请求审查决定（以下简称第16266号决定），认为本专利权利要求1相比于证据1是非显而易见的，具有创造性，符合《专利法》第22条第3款的规定，从而维持本专利权全部有效。万生公司不服第16266号决定，向北京市第一中级人民法院（以下简称一审法院）提起行政诉讼。一审法院认为，专利复审委员会作出的第16266号决定认定事实清楚，适用法律正确，审查程序合法，依法予以维持。万生公司不服一审判决，向北京市高级人民法院（以下简称二审法院）提起上诉。二审法院认为，一审判决第16266号决定认定事实不清，适用法律错误，予以撤销，要求专利复审委员会重新作出无效宣告请求审查决定。专利复审委员会不服二审判决，向最高人民法院（以下简称最高院）申请再审。

【法院判决】

一审法院认为，原告所称的专利技术保护的具体化合物的技术方案并未在证据1（公开日为1989年7月19日的EP0324377A2号欧洲专利申请文件）

中公开。证据1并未给出咪唑4-位上的取代基是羟基支链烷基或烷氧基支链烷基的技术启示。原告也未提供证据证明实施例329、265C的化合物在咪唑4-位上的取代基可以被羟基支链烷基或烷氧基支链烷基替代且替代之后具有相似的活性或作用。本领域技术人员不能由证据1获得在咪唑4-位进行所述取代基选择或替换的技术启示，同时也不能意料到与证据1权利要求1中化合物不同的活性数据。据此，一审法院认为涉案专利权利要求1相对于证据1是非显而易见的，具有创造性，并维持了专利复审委员会的无效宣告决定。

二审法院认为，第16266号决定并不存在认定事实错误。无论在专利授权审查程序中，还是在无效程序中，应当允许马库什专利申请人或专利权人删除任一变量的任一选择项，这种删除属于技术方案的删除。涉案专利权利要求所涵盖的一个具体实施例的效果与现有技术证据1中实施例329的技术效果相当，因此涉案专利权利要求1并未取得意料不到的技术效果，不具备创造性。据此，二审法院撤销了一审判决和第16266号决定。

最高院没有支持二审法院的观点，认为不应允许马库什专利申请人或专利权人删除任一变量的任一选择项，同时对于涉案权利要求1的创造性判断应严格遵循"三步法"。据此，最高院撤销了二审判决，维持了一审判决。

【案例评析】

本案是2017年中国法院50件典型知识产权案例之一，涉及马库什权利要求。马库什权利要求是化学医药发明专利申请中一种特殊的权利要求撰写方式，解决了化学发明中取代基找不到合适的上位概念概括的问题。由于概括能力强大，马库什权利要求已经成为化学医药领域中常见的撰写方式，因此马库什权利要求的性质、修改方式和创造性判断一直受到业内的关注。本案经历了专利复审委员会的无效宣告，行政一审、行政二审和最高院再审，争议焦点涉及马库什方式撰写的化合物权利要求究竟属于概括的技术方案还是众多化合物的集合；在无效宣告阶段马库什权利要求修改应遵循的具体要求；意想不到的技术效果在马库什权利要求中创造性判断的使用。本案进一步明确了马库什权利要求的修改方式和创造性判断标准，对在化学医药领域马库什权利要求的撰写和审查产生了重要影响。

一、以马库什方式撰写的化合物权利要求是高度概括的技术方案，是马库什要素的集合，并非是并列的技术方案

马库什权利要求产生的背景，源于化学领域申请文件撰写中缺乏共同上位概念来概括多个取代基集团的难题。为了解决这个问题，产生了马库什权利要求，即一项申请可以在一个权利要求中限定多个并列的可选择要素概括的权利要求，主要应用在医药化学领域发明专利申请文件权利要求的撰写中。《专利审查指南》（2010）规定，如果一项申请在一个权利要求中限定多个并列的可选择要素，则构成"马库什"权利要求。[①] 对于马库什权利要求，同样需要满足单一性的要求，如果一项马库什权利要求中的可选择要素具有相类似的性质，则认为这些可选择要素在技术上相互关联，具有相同或相应的特定技术特征，满足单一性的要求，这种可选择要素称为马库什要素。

马库什权利要求作为化学发明申请中一种特殊的权利要求撰写方式，属于结构式的表达方式，而不是功能性的表达方式。按照《专利审查指南》的规定，当马库什要素是化合物时，要满足单一性的要求，必须是当所有可选择化合物具有共同的性能或作用，并且所有可选择化合物具有共同的结构，该共同结构能够构成它与现有技术的区别特征，并对通式化合物的共同性能或作用是必不可少的；或者在不能有共同结构的情况下，所有的可选择要素应属于该发明所属领域中公认的同一化合物类别。所谓"公认的同一化合物类别"，是指根据本领域知识，该类别的成员对于要求保护的发明来说，成员之间可以互相替代，而且预期具有相同的表现和技术效果。[②] 可见，在马库什权利要求保护下，所有可选择的化合物均具有共同的性能或作用，此外，这些可选择化合物具有共同的结构，该共同结构成为与现有技术区别的关键特征，满足了授权的实质性要件，并且由于该共同结构，使通式化合物拥有了共同的性能或作用。如果没有共同结构，那么所有可选择要素应属于该发明所属领域中公认的同一化合物类别。

[①] 参见国家知识产权局：《专利审查指南2023》，知识产权出版社2024年版，第322页。
[②] 参见国家知识产权局：《专利审查指南2023》，知识产权出版社2024年版，第323页。

马库什权利要求设立的目的是解决在化学领域申请文件撰写中缺乏共同上位概念来概括多个取代基集团的难题，它允许申请人使用化学通式来概括具有相似结构和性质的具体化合物。那么，马库什权利要求是马库什要素的集合，还是化合物的集合？从马库什权利要求产生的背景来看，它是在化学领域申请文件撰写中权利要求的一种概括方式，具有极强的概括能力，可以包含很多变量和组合，是一种高度概括性的技术方案。这个技术方案中包括的化合物具有相同的性能或者作用，具有共同的结构，这个结构对现有技术作出贡献，或者在没有共同结构的前提下，属于本领域公认的同一化合物类别。马库什权利要求是这些在技术上相互关联，具有相同或相应的特定技术特征，满足单一性要求的马库什要素的集合体，如果马库什要素是化合物的话，应该具有共同的特定技术特征和通式结构，尽管各自取代基有差异，但这些化合物都具有相同的性能或作用，理论上彼此之间可以替代；或者，它们属于具有共同性能或作用的在本领域内公认的同一化合物类别的集合。马库什权利要求具有高度的概括性，在不具体描述每个具体的可选要素的情况下，涵盖了大量的化合物，是高度概括的组合方案，而非并列技术方案。在本案中，最高院没有支持二审法院将马库什权利要求视为并列技术方案的观点。

二、马库什权利要求修改的限制

按照《专利审查指南2023》的规定，在无效宣告阶段，发明和实用新型专利文件的修改仅限于权利要求书，并应遵循以下基本原则：1）不得改变原权利要求的主题名称；2）与授权的权利要求相比，不得扩大原专利的保护范围；3）不得超出原说明书和权利要求书中技术特征；4）一般不得增加未包含在授权权利要求书中的技术特征。修改权利要求书的具体方式一般限于权利要求的删除、技术方案的删除、权利要求的进一步限定、明显错误的修正。所谓权利要求的进一步限定，是指在权利要求中补入其他权利要求中记载的一个或者多个技术特征，以缩小专利的保护范围。[1]

马库什权利要求是一类比较特殊的权利要求，解决了化学领域中缺乏共

---

[1] 参见国家知识产权局：《专利审查指南2010》，知识产权出版社2010年版，第397页。

同上位概念来概括多个取代基集团的问题，允许申请人使用化学通式来概括具有相似结构和性质的具体化合物。由于马库什权利要求的概括能力强，保护范围也比较宽泛，包含所有具有相同结构、性能或者作用的化合物，因此，马库什权利要求实现了化学领域专利申请人的利益最大化。然而，专利权是一定时间范围内的排他权，专利权人权利范围的扩大与社会公众自由的缩减是成正比的，专利权人的保护范围越宽泛，社会公众受到的限制就越多。因此，对马库什权利要求的解释和修改都应该采用比较谨慎的态度。马库什权利要求包含多个变量和组合，被视为一种概括性的组合方案，其中包含了满足单一性要求、具有相同的特定技术特征的不同化合物。

在专利无效宣告阶段，对马库什权利要求的修改应遵循《专利审查指南》的要求，不能扩大原专利的保护范围，不能超出原说明书的范围，不能增加没有包含在授权权利要求书中的技术特征等。马库什权利要求的广泛概括是为了解决化学医药发明中缺乏共同上位概念来概括多个取代基集团的问题，但其概括范围必须符合《专利法》的相关规定。《专利法》第26条第3款和第4款分别规定，说明书应当对发明或者实用新型作出清楚、完整的说明，以所属技术领域的技术人员能够实现为准；权利要求书应当以说明书为依据，清楚、简要地限定要求专利保护的范围。化学科学是一门实践性的学科，说明书公开充分以及权利要求书得到说明书的支持，都离不开实验数据的支撑。在专利无效宣告中，对于修改后的马库什权利要求而言，仍然需要满足《专利法》和《专利审查指南》的相关规定，修改后的权利要求不能产生原来申请文件中没有包括的具有新性能和作用的一类或单个化合物，否则将不满足单一性要求。同时，如果修改后产生了具有新性能和作用的一类或者单个化合物，而在原来的专利说明书中找不到相应的实验数据进行支撑和说明，也不满足权利要求书需要得到说明书的支持以及说明书充分公开的要求。在无效宣告中，如果允许专利权人删除任一变量的任一选项，即使这种删除缩小了专利权的保护范围，但若实际产生了新的单个化合物或化合物类别，则这种修改方式也是不能接受的。此外，如果允许这样的修改，就会导致专利权保护范围的不确定性，修改后的马库什权利要求可能包括新的化合物或化合物类别，这不符合专利公示公信的要求，无法给社会公众一个相对明确的专利保护范围，有悖于专利制度的基本原则，同时在一定程度上损害了社会公众的权益。

【案例启示】

在化学医药领域权利要求撰写中，由于缺乏共同上位概念来概括多个取代基集团，因此产生了马库什权利要求。马库什权利要求有效解决了这一难题，成为化学医药领域中常见的撰写方式，同时也是一种特殊的权利要求撰写方式。

马库什权利要求采用结构式的表达方式，而非功能性的表达方式。它应被视为马库什要素的集合，而非众多化合物的集合。虽然马库什权利要求是一类比较特殊的权利要求，但仍然需要满足《专利法》中关于单一性、权利要求书得到说明书支持以及说明书充分公开的要求。

在专利无效阶段，对马库什权利要求的修改应遵循《专利审查指南》的相关规定，此外，修改马库什权利要求的原则是不能因修改而产生具有新性能和作用的单个化合物或化合物类别。即使是通过删除任一变量的任一选项来缩小权利要求的保护范围，如果因此产生了具有新性能和作用的单个化合物或化合物类别，那么这种修改方式也是不允许的。

对于马库什权利要求创造性的判断应遵循《专利审查指南》中关于创造性判断的基本方法。首先，应采用"三步法"进行判断，只有当使用"三步法"判断后，仍无法明确判断是否具有显而易见性时，才考虑是否依据具有意想不到的技术效果来判断。通常，不宜跳过"三步法"而直接依据具有意想不到的技术效果来判断是否具有创造性。

案例十　补充实验数据是否被接受

——阿斯利康（瑞典）有限公司与国家知识产权局专利复审委员会发明专利无效行政纠纷案

【案例问题】

生命科学和化学都属于实验性学科，生物化学领域的发明创造往往依赖于实验，离开了实验，生物化学领域的发明创造根本无法完成。因此，生物化学领域专利申请更加依赖于实验数据。在生物化学领域专利审查和专利无效宣告过程中，是否允许申请人在申请日后补交实验数据，一直是业内关注的问题。那么，在申请日后补交的实验数据，是否予以接受审查呢？

【当事人】

上诉人（原审原告）：阿斯利康（瑞典）有限公司。

被上诉人（原审被告）：国家知识产权局专利复审委员会。

原审第三人：深圳信立泰药业股份有限公司。

【案情简介】

阿斯利康有限公司（以下简称阿斯利康公司）是名称为"三唑并 [4,5-D] 嘧啶化合物的新晶形和非晶形"，专利号为 200610002509.5 的发明专利权人。该专利的申请日为 2001 年 5 月 31 日。2017 年 6 月 22 日，深圳信立泰药业股份有限公司（以下简称信立泰公司）针对本专利向国家知识产权局专利复审委员会（以下简称专利复审委员会）提出无效宣告请求，其理由是本专利权利要求 1-4 不具备《专利法》第 22 条第 3 款规定的创造性。2017

年 11 月 22 日，专利复审委员会作出无效宣告决定，认为权利要求 1 实际解决的技术问题仅为提供一种具有便于操作和加工的结晶化合物，而专利说明书未记载该晶型的任何效果数据，因此权利要求 1 不具有创造性。基于权利要求 1 涉及的晶型 II 化合物不具备创造性，其从属权利要求 2-4 也不符合《专利法》创造性的规定，因此涉案专利全部无效。

阿斯利康公司不服专利复审委员会于 2017 年 11 月 22 日作出的第 33975 号无效宣告请求审查决定，向北京知识产权法院（以下简称一审法院）提起行政诉讼。一审法院支持了专利复审委员会的无效宣告决定，认为权利要求 1-4 不具有创造性，专利全部无效。阿斯利康公司不服一审法院于 2019 年 2 月 25 日作出的（2018）京 73 行初 2034 号行政判决，向最高人民法院（以下简称最高院或二审法院）提起上诉。

【法院判决】

一审法院认为，阿斯利康公司提供的补充实验数据反证 5 形成于申请日之后，且是由与阿斯利康公司存在利害关系的证人自行完成的实验，缺乏其他证据佐证，因此对补交实验数据没有接受。一审法院支持专利复审委员会的观点，认为权利要求 1 相对于证据 6 实际解决的技术问题仅提供一种具有便于操作和加工的结晶化合物。权利要求 1 相对于证据 6 与证据 4 的结合不具备创造性，其从属权利要求 2-4 也不具备创造性。因此，一审法院维持了专利复审委员会的无效宣告决定，驳回了阿斯利康公司的诉讼请求。

二审法院支持了阿斯利康公司关于补交实验数据应予接受的上诉主张。虽然法院接受了补交的实验数据，但是这些实验数据并没有能够证明权利要求 1 中的化合物晶型 II 具有本领域技术人员意料不到的药物特性效果。二审法院认为，被诉决定和一审判决均先认定权利要求 1 所述的新化合物不具备创造性，在此基础上，结合证据 4 和证据 6，新化合物的新晶型也不具备创造性。因此，被诉的专利无效审查决定和一审判决不构成对创造性整体判断原则的违反。二审维持了一审判决。

【案例评析】

本案专利是晶型专利，该专利保护的是由阿斯利康公司研发上市的、在临床上被列为一线推荐药物的用于抗血栓的溶栓药替格瑞洛的晶型专利。替格瑞洛化合物专利和晶型专利无效案引起了业内的广泛关注。在药品专利申请和专利无效中，是否允许申请人补交实验数据是人们一直关注的热点问题。本案进一步明确了在药品专利行政诉讼中对于在申请日后补交实验数据接受的积极条件和消极条件，对专利行政诉讼中补交药品实验数据的接受产生重要的影响。

自1992年《专利法》第二次修订以来，药品开始受到专利保护。《专利审查指南》（1993）中没有涉及实验数据，仅在第二部分第十章"化学发明的充分公开"规定，申请人可以在申请日后补充用途和效果，对于实施例则明确"后补交的实施例只能供审查员审查专利性时参考"，在"化合物的创造性"部分允许在申请日后提交发明效果的证据。《专利审查指南》（2001）删除了"允许申请人在申请日后补充用途和效果以及补充提交效果证据的规定"，并在"化学发明的充分公开"部分对后补交的实施例修改为仅对"审查新颖性、创造性和实用性"具有参考作用。可见，在实验数据补充方面仅限于创造性方面，在说明书是否充分公开方面不接受后补交的实验数据。《专利审查指南》（2006）和《专利审查指南》（2010）进一步明确了判断说明书是否充分公开的标准，排除了申请日后补交的实验数据。而《专利审查指南》（2023）在第二部分第十章增加了第3.5节"关于补交的实验数据"的内容，增加了审查原则，即"对于申请日之后申请人为满足《专利法》第22条第3款、第26条第3款等要求补交的实验数据，审查员应当予以审查。补交实验数据所证明的技术效果应当是所属技术领域的技术人员能够从专利申请公开的内容中得到的"，同时按照审查原则，给出了两个审查示例。从1993年版到2023年版的《专利审查指南》中对于实验数据补交规则的变化可以看出，在专利审查中，对于补交实验数据的态度，经历了相对宽松，到绝对严格，再到适度放宽的过程。《专利审查指南》（2023）对补充实验数据的态度更为开放，适用于整个化学领域。虽然补充实验数据在专利审查和无效过程中应当予以考虑，但显然并非所有的实验数据都可以被接受。① 无论《专利审查指南》对于补交实验数据的规定如何变化，我国专利制度中"先申请制"和"以公开换保护"的基本原则始终未变，这也是处理申请日后补交实验数据问题的根本原则。

知识产权的客体具有非物质性，属于无形财产的范围。专利权是知识产权中的一种，保护的客体是技术方案，属于绝对权，即除权利人之外的一切人都是义务人的民事权利。与无形财产相对的是有形财产，有形财产由物权法调整，涉及因有体物的归属和利用而产生的民事关系。物权法中确立了权利法定原则和公示公信原则，确保了权利类型法定、权利内容法定，以及物权变动的公开透明，这不仅有利于保护物权人的利益，同时也有利于保护第三人的利益，维护交易安全。知识产权保护的客体是无体物，属于无形财产，很多是智力活动的成果，这些成果往往以信息的形式存在，并通过有形载体表现出来。相比于有体物而言，知识产权保护的客体没有清晰明确的边界，因此更需要法律明确规定保护客体的边界、权利的保护范围，以及按照法律规定将权利设立、转移等内容向社会公示，使社会公众清楚明确的知晓这些信息。另一方面，专利权属于绝对权，除权利人之外的一切人都是义务人，没有获得权利人的许可，不得实施专利权人的权利内容。为了更好的实现绝对权，需要让除权利人之外的一切人清晰知晓专利权保护客体的边界、权利保护的范围以及权利变动等方面的内容。如果这些内容对非权利人来说不明确或不清晰，那么他们就不能很好地预见自己的行为是否侵权，也无法作出合理的判断，这不仅对义务人来说是不公平的，也会导致权利人的权利很难得到保护。因此，对于知识产权，尤其是专利权而言，需要法律明确规定保护客体的边界和权利保护范围的大小，从而实现其绝对权属性。

专利制度的目的是推动科学技术进步和先进技术传播。专利制度的基本原则是"以公开换保护"，发明创造者将发明创造的内容充分向社会公开，作为交换，国家给予其一定时间的排他权，以激励更多人投身发明创造中。

---

① 参见许磊、尹昕、杨悦：《中国药品专利补充试验数据判断标准最新进展探究》，载《中国新药杂志》2022年第15期。

当发明人完成发明创造后，通过充分公开这些成果，后人可以在前人的成果上进一步研发，产生更多新的发明创造，而无须从头开始，从而节约社会成本，促进社会的发展和进步。发明创造者通过公开其发明创造，换取国家给予的专利保护，享有一定期限的排他实施权。当专利保护到期后，该技术方案进入社会知识总量中，任何人都可以无偿使用。从某种意义上讲，专利文件是这个交换的社会契约，即需要履行充分公开的义务，同时需要公示法律赋予的权利边界。在专利文件中，说明书的作用是将发明创造的内容充分公开，而权利要求书的作用是界定专利权的范围，让公众知晓保护的具体界限。权利要求书须以说明书为依据，说明书中没有公开的技术方案不得在权利要求书中进行保护。专利作为一种社会契约行为，决定了"保护"和"公开"必须是对等的。专利申请人应在申请文件中完整记载发明创造的技术方案，并进行充分公开，确保本领域技术人员可以实现该技术方案。同时，申请人需要明确界定专利保护的范围，该范围不能超出公开的内容。如果在申请日提交的申请文件中没有包含的发明创造内容，不能通过之后的修改纳入专利保护的范围中。也就是说，最初提交的专利申请文件中需要明确界定发明创造的内容和要求保护的权利范围，之后对专利申请文件的修改不能超出原说明书和权利要求书记载的范围。

根据《专利法》第33条的规定，申请人可以对其专利申请文件进行修改，但是对发明和实用新型专利申请文件的修改不得超出原说明书和权利要求书记载的范围，对外观设计专利申请文件的修改不得超出原图片或者照片表示的范围。可见，发明创造的公开应以申请日提交的申请文件为准，对专利申请文件的修改不能超出第一次提交的原专利申请文件中说明书和权利要求书记载的范围。在化学医药领域，虽然允许申请人补充实验数据，对实验数据予以接受和审查，但补充的实验数据必须局限于最初申请文本的范围，且要证明的内容应在原申请文件中有清晰记载。

2020年9月施行的《最高人民法院关于审理专利授权确权行政案件适用法律若干问题的规定（一）》第10条规定，药品专利申请人在申请日以后提交补充实验数据，主张依赖该数据证明专利申请符合《专利法》第22条第3款、第26条第3款等规定的，人民法院应予审查。另一方面，允许专利申请人在申请日或者优先权日之后提交补充实验数据，对该补充数据进行审查，并不意味着补充试验数据一定被接受。如果申请人通过在申请日或者优先权日之后提交补充实验数据，将申请日或优先权日未公开或者未完成的内容纳入专利权保护范围，或者通过补交实验数据来弥补专利申请文件公开不充分的固有缺陷，这样的补充实验数据是不被接受的。

比较在专利行政诉讼和专利审查无效过程中对于补交实验数据的相关规定，二者存在一定的共通性与差异。在专利行政诉讼中，允许申请人在申请日后补交实验数据，这些实验数据可用于证明发明的创造性，或说明书的充分公开。而在专利审查无效过程中，在最新修订的《专利审查指南》中规定，审查实验数据的原则是依据原说明书和权利要求书记载的内容来判断说明书是否充分公开，对于申请日之后申请人为满足《专利法》第 22 条第 3 款、第 26 条第 3 款等要求补交实验数据，审查员应当予以审查。可见，无论在专利审查中，还是在专利行政诉讼中，均允许药品专利申请人在申请日后提交补充实验数据，目的是通过这些实验数据来进一步证明创造性或说明书充分公开的内容，并对这些实验数据予以审查。然而，审查对这些实验数据，并不意味着对这些实验数据全部接受。接受补充实验数据的前提条件是满足"先申请制"和"以公开换保护"的要求。如果允许申请人或专利权人都可以在申请日后补充实验数据来弥补申请文件的固有不足，或者将未公开的内容纳入专利保护范围，在此基础上授予专利权或者维持专利权有效，有悖于"以公开换保护"的专利法基本原理，破坏专利保护范围与社会公众自由范围的稳定性，影响社会公众利益。

补充实验数据的主要目的是证明说明书公开充分、权利要求范围可以得到说明书的支持，以及要保护的技术方案具有创造性，其中一般多是证明公开充分和具有创造性。[①] 在创造性方面，实验效果需要数据支持。申请文件一般记载了申请人认为最能体现创造性的效果和实验数据，在创造性审查中，如果审查员确定的最接近的对比文件与申请人所确定的最接近的对比文件不

---

① 参见许磊、尹昕、杨悦：《中国药品专利补充试验数据判断标准最新进展探究》，载《中国新药杂志》2022 年第 15 期。

同，审查员可能有新的评判角度，导致对技术问题的理解存在差异。如果技术效果和功能已在原申请文件中充分公开，补充实验数据可用于加强待证事实的真实性，这种补充实验数据被接受的概率较高。相反，如果原申请文件中没有记载相关的技术效果和功能，或不能从说明书记载的内容中明确获得，存在说明书公开不充分的天然缺陷，则之后也难以通过补交实验数据来弥补这一缺陷。在补充试验数据是否予以接受方面，"先申请制"和"以公开换保护"是两项基本要求。

本案中，最高院创新性的提出了接受实验数据的积极条件和消极条件。积极条件是原专利申请文件应当明确记载或隐含公开了补充实验数据拟直接证明的待证事实；消极条件是申请人不能通过补充实验数据弥补原专利申请文件固有的内在缺陷。最高院支持了阿斯利康公司关于补交实验数据的主张，虽然接受了其提交的补充实验数据，但这些实验数据未能证明专利文件中"权利要求1所述晶型的化合物具有意料不到的技术效果"，因此不能认定权利要求1所保护的晶型化合物在代谢稳定性方面的更优效果达到了本领域技术人员意料不到的程度。可见，不论在专利审查和无效方面，还是在专利行政诉讼方面，虽然允许申请人为满足创造性和说明书公开充分等要求可以在申请日后补交实验数据，并对这些实验数据进行审查，但该实验数据是否能够被接受，以及是否能够证明待证的事实内容，是两个不同的方面。

【案例启示】

生命科学和化学都是实验性的科学，结论的获得离不开实验数据的支撑和证实，因此对于生物医药领域的发明创造，实验数据非常重要。根据最新修订的《专利法实施细则》，国家知识产权局修订了《专利审查指南》（2023），自2024年1月20日施行。该指南对补交的实验数据内容进行了修改，明确了"对于申请日之后申请人为满足《专利法》第22条第3款、第26条第3款等要求补交的实验数据，审查员应当予以审查"。2020年9月出台的《最高人民法院关于审理专利授权确权行政案件适用法律若干问题的规定（一）》中第10条规定，在申请日以后提交补充实验数据，主张依赖该数据证明专利申请符合《专利法》第22条第3款、第26条第3款等规定的，人民法院应予审查。可见，药品专利申请人在申请日后提交补充实验数据，满足《专利法》第22条第3款、第26条第3款等要求补交的实验数据，审查员和人民法院都应当予以审查。虽然在申请日后，申请人补交的实验数据，为了满足创造性或说明书充分公开的要求，都可以被审查，但对实验数据进行审查，并不代表对补交的实验数据予以接受，因此，在申请文件撰写方面，必须对实验数据予以充分关注，确保所有必要的实验数据都包含在申请文件中。

在医药领域专利申请文件撰写中，涉及技术效果等内容时，必须提供实验数据进行说明和支持，而非仅凭断言式文字描述。在申请文件撰写中充分证明技术效果，应尽可能有详实的实验数据来证实，确保本领域技术人员在阅读说明书后，能够实现发明内容，解决技术问题，并达到说明书中描述的技术效果。在撰写中，除了利用实验数据对技术效果进行记载说明外，还应详细记载实验方法的选择、实验步骤的描述、实验机理内容的解释等，以帮助本领域技术人员理解发明创造，同时在专利审查和无效宣告中更能增加技术方案和技术效果的可信度和可实现性。在创造性撰写方面，应通过记载的实验数据体现出与最接近的对比技术相比，发明创造具有突出的实质性特点和显著的进步，或者取得了难以意料的技术效果。

在申请日之后补交实验数据的问题上，无论是在无效宣告阶段，还是在行政诉讼阶段，这些补充的实验数据本身相当于一种证据。因此，在提交补充实验数据时，必须考虑其是否具备证据能力，即是否具备真实性、合法性以及与待证事实之间的关联性。首先，要确保补充实验数据的真实性，不能伪造实验数据；其次，实验数据的取得要符合法律的规定；最后，补交的实验数据要能证明待证事实。由于补充的实验数据是申请日之后提交的，考虑到实验对象、实验条件、实验环境和实验药品等因素可能随时间变化而变化，因此，补充实验数据所采用的实验方法、实验对象、实验条件、实验仪器等应尽量与说明书中记载的方法、内容和条件一致，这样才能提高补充的实验数据被采信的可能性。

如果提交的补充实验数据用于创造性审查，拟证明发明创造具有意料不到的技术效果。首先，需确保在申请日（优先权日）前，该发明创造的技术方案能够实现，并且存在所能实现的技术效果，这些技术效果应能在原申请文件明确体现。其次，这些实验数据一定要能证明本发明的技术效果超出了本领域技术人员的意料，在实验效果上，应与最接近的对比文件存在较大差异，以证实其达到了意料不到的技术效果。如果实验效果仅优于最接近的对比文件，而没有进一步的证据支持，一般也难以证明该技术效果达到了本领域技术人员意料不到的程度。

案例十一　用微生物保藏编号限定的权利要求的侵权判定

——天津绿圣蓬源农业科技开发有限公司等与上海丰科生物科技股份有限公司侵害发明专利权纠纷上诉案

【案例问题】

微生物经分离成为纯培养物并具有特定的工业用途时，微生物本身属于可给予专利保护的客体。本案是我国第一例关于微生物的专利侵权诉讼，涉及用微生物保藏编号进行限定的权利要求，保护范围该如何认定？用涉案专利说明书记载的鉴定方法对被诉侵权产品是否落入涉案专利权的保护范围进行鉴定，是否超出对涉案专利权利要求保护的微生物品种的解释范围？

【当事人】

上诉人（原审被告）：天津绿圣蓬源农业科技开发有限公司。
上诉人（原审被告）：天津鸿滨禾盛农业技术开发有限公司。
被上诉人（原审原告）：上海丰科生物科技股份有限公司。

【案情简介】

上海丰科生物科技股份有限公司（以下简称丰科公司）享有专利号为201310030601.2、名称为"纯白色真姬菇菌株"的发明专利权，申请日为2013年1月25日，授权公告日为2015年7月22日。丰科公司发现天津绿圣蓬源农业科技开发有限公司（以下简称绿圣蓬源公司）和天津鸿滨禾盛农业技术开发有限公司（以下简称鸿滨禾盛公司）未经许可生产并销售涉案专利产品后，从市场上购买了鸿宾 48 盒白玉、白玉 48 盒、白玉 16 包、8 两白、A 白、A 白玉等菌类产品，指控绿圣蓬源公司和鸿滨禾盛公司侵害涉案专利产品的制造权和销售权。原告和被告双方当事人一致同意，将被控侵权产品送到北京国创鼎诚司法鉴定所进行司法鉴定。北京国创鼎诚司法鉴定所于 2019 年 12 月 12 日出具了国创司鉴（2019）知鉴字第 163 号司法鉴定意见书（以下简称第 163 号鉴定意见）。该鉴定意见记载：第一，根据 ITS rDNA 序列检测结果，二者的 ITS rDNA 序列均与斑玉蕈 Hypsizygus marmoreus HMB1（HM561968）的 ITS rDNA 序列相似度达到 99.9%，因此，二者均属于斑玉蕈；第二，根据特异性 975bpDNA 片段序列比对，二者特异性 975bpDNA 片段第 1 位至第 975 位序列完全相同；第三，根据形态学比对，二者菌盖、菌褶和菌柄的颜色、形状、排列等形态特征基本相同。根据上述比对情况，鉴定组认为，二者属于同种菌株。

一审判决后，绿圣蓬源公司和鸿滨禾盛公司不服北京知识产权法院（以下简称一审法院）于 2020 年 3 月 17 日作出的（2017）京 73 民初 555 号民事判决，向最高人民法院（以下简称最高院或二审法院）提起上诉。

【法院判决】

一审法院认为，第 163 号鉴定意见作出程序合法，所得结论正确，依法采信该鉴定意见。法院依此判断，被诉侵权产品与涉案专利保藏的样本属于同一种菌株，故被诉侵权产品落入涉案专利的保护范围。判决被告绿圣蓬源公司、鸿滨禾盛公司立即停止制造、销售侵害专利号为 201310030601.2、名称为"纯白色真姬菇菌株"的发明专利权的产品，同时赔偿损失。

二审法院认为，利用该菌株特异性 975bpDNA 片段，并结合形态学以及 ITS rDNA 序列分析对被诉侵权菌株进行鉴定的方法是合理且可信的，这种判断方法没有扩大涉案专利权的保护范围。二审法院支持了一审关于被诉侵权产品落入涉案专利权保护范围的认定。二审法院认为，一审判决认定事实清楚，虽然在确定赔偿数额时适用法律存在一定瑕疵，但裁判结果正确，应予维持。因此，二审法院判决驳回上诉，维持原判。

【案例评析】

本案是我国第一例关于微生物发明专利侵权的案件，涉及用微生物保藏编号进行限定的权利要求保护范围的认定，以及选用微生物DNA测序技术来进行侵权鉴定的问题。随着我国生物技术的不断发展，生物技术相关的专利数量和侵权案件逐渐增多，本案在基因测序鉴定方法的确定方面进行了探索与尝试，对类似生物案件的审理提供了有益的探索和重要的参考。

一、用微生物保藏编号进行限定的权利要求保护范围

根据《专利法》第25条第1款第4项的规定，动物和植物品种不授予专利权。根据《专利审查指南》的规定，微生物包括细菌、放线菌、真菌、病毒、原生动物、藻类等。由于微生物既不属于动物，也不属于植物的范畴，因而不在《专利法》第25条第1款第4项所列的不授予专利权的情况。但是，未经人类技术处理而存在于自然界的微生物属于科学发现，不能被授予专利权。只有当微生物经分离成为纯培养物并具有特定工业用途，或经人为改良具有新的性能时，才属于可专利保护的客体。本案中的纯白色真姬菇菌株属于微生物，通过人工杂交，适应性强，适合大面积推广种植，是一种新型可食用真菌，满足授予专利权客体的要求。

在专利侵权判定中，关键在于确定专利保护范围，并判定被告侵权产品是否落入该保护范围。《专利法》第64条规定："发明或者实用新型专利权的保护范围以其权利要求的内容为准，说明书及附图可以用于解释权利要求的内容。"因此，对权利要求中记载的技术术语，可以结合说明书及附图对其作出解释，明确其内涵及外延。

《最高人民法院关于审理专利纠纷案件适用法律问题的若干规定》第17条第1款规定，《专利法》中所称的"发明或者实用新型专利权的保护范围以其权利要求的内容为准，说明书及附图可以用于解释权利要求的内容"，是指专利权的保护范围应当以权利要求记载的全部技术特征所确定的范围为准，也包括与该技术特征相等同的特征所确定的范围。同时，《最高人民法院关于审理侵犯专利权纠纷案件应用法律若干问题的解释》第7条规定，人民法院判定被诉侵权技术方案是否落入专利权的保护范围，应当审查权利人主张的权利要求所记载的全部技术特征。被诉侵权技术方案包含与权利要求

记载的全部技术特征相同或者等同的技术特征的，人民法院应当认定其落入专利权的保护范围；被诉侵权技术方案的技术特征与权利要求记载的全部技术特征相比，缺少权利要求记载的一个以上的技术特征，或者有一个以上技术特征不相同也不等同的，人民法院应当认定其没有落入专利权的保护范围。在生物技术发明中，如果保护的客体是细菌、真菌等特定的微生物本身，权利要求用保藏编号进行限定，保护范围如何决定呢？

对于生物产品发明，如蛋白质、基因、微生物、疫苗等，其权利要求中通常包含序列限定。若判断是否是相同的蛋白质、基因、微生物等，往往涉及序列对比。本案涉及的是名称为"纯白色真姬菇菌株"的发明专利，其权利要求通过微生物保藏编号进行了限定。判定被诉侵权产品，即被告生产和销售的菌株是否落入涉案专利权的保护范围是法院审理的焦点问题之一。

对于微生物的发明，如果权利要求是用菌种号来限定的，发明创造的对象以及专利保护的对象均为该微生物本身，即使权利要求书中仅以菌种号来限定，但说明书中对该菌种的具体说明同样具有法律效力，这些内容可以理解为对该菌种的限定，用来描述限定一个特定的菌种。在本案中，受专利保护的是一种特定的菌株，涉案专利只有一项权利要求，"一种纯白色真姬菇菌株Finc－W－247，其保藏编号是CCTCC：M2012378"。说明书中记载了它的形态特征、生物学特性、遗传学特性，以及975bp大小的SCAR分子标记片段，同时记载了12SCAR分子标记，能够对Finc－W－247菌种进行快速鉴定，并且记载了具体的鉴定方法。从说明书的记载可以看出，说明书的内容均围绕纯白色真姬菇菌株Finc－W－247展开，包括它的形态特征、生物学特性和遗传学特性。实施例同样也是围绕纯白色真姬菇菌株Finc－W－247展开，包括它的培养方法、菌龄、保鲜、尝味、形态特征、生物学特性、菌丝生长温度梯度、栽培对比、测序鉴定、12SCAR分子标记等试验内容。从上述内容可知，权利要求中虽然没有提及纯白色真姬菇菌株Finc－W－247的DNA序列或外在的生物学特性等内容，仅通过保藏号对该菌株进行了限定，但保护的客体仍然是该菌株。说明书中对该菌种进行了详细的生物学方面的记载，说明书的内容对该菌株的描述，依然是对该菌株的限定，要保护的此菌株而非彼菌株。涉案专利要求保护特定保藏号的纯白色真姬菇，判断被诉侵权产品是否落入涉案专利保护范围，需要判断专利保护的菌种与被控侵权产品是否属于同一种生物，即是否属于同一种纯白色真姬菇菌株。

在涉及微生物的发明中，如果权利要求仅是用保藏编号进行限定的，则保护的客体是该微生物本身，说明书中对该微生物的具体描述内容，无论是形态特征、生物学特性，还是特定的序列等生物学方面的记载，都可以构成对该菌种的限定。

二、对微生物菌种的技术鉴定

根据《专利法》第 64 条的规定，发明专利权的保护范围以其权利要求的内容为准，说明书及附图可以用于解释权利要求的内容。判定被诉侵权产品技术方案是否落入涉案专利权的保护范围，应当将原告主张的涉案专利权利要求所记载的全部技术特征与被诉侵权产品技术方案所对应的全部技术特征逐一进行比较。如果被诉侵权产品技术方案包含了与涉案专利权利要求记载的全部技术特征相同或者等同的技术特征，则其落入涉案专利权保护范围。在本案中，原告丰科公司权利要求保护的纯白色真姬菇属于真菌，判断被诉侵权产品是否落入涉案专利保护范围，需要利用传统的生物形态学和现代分子生物学特征进行综合判断。由于生命科学的特点，无论宏观的形态学特征的鉴定，还是微观的分子生物学特征的判断，都需要借助相关的方法利用仪器、设备等通过实验验证来完成，而非仅依靠演绎和推理等。因此，在针对生物技术专利的侵权判断中，对于科学事实的认定，无论是传统的生物学形态特征，还是分子生物学方面的判断，都需要借助专业鉴定机构进行鉴定。

在涉及微生物专利侵权判定中，对技术鉴定具有很高的依赖性。在技术鉴定中，首先要考虑鉴定的目的，针对不同的专利保护对象，鉴定是否属于同一种的生物个体时，要结合保护对象的具体生物学内容，将宏观形态学中的鉴定和微观分子生物学方面的鉴定结合。就微观分子生物学方面的鉴定，根据具体鉴定的对象，可以选择同时采用多种方法共同鉴定，来弥补鉴定方法自身的缺陷，同时也增加鉴定结果的科学性和准确性，为侵权判定提供准确的技术事实。

本案是国内第一例微生物方面的专利侵权案件，在微生物专利侵权判断的鉴定方法方面没有先例可循。菌种鉴定的目的不是进行生物学意义上的菌种分类研究，而是要鉴定侵权菌株与专利保护的菌株是否是同一株菌。事实上，没有固定的鉴定方法可以遵循，必须结合具体案情和具体需要鉴定的内容而决定。在本案中，采用了基因特异片段检测的鉴定方法，同时结合形态学的比对和 ITS rDNA 序列比对，共同来判断是否属于同一种生物个体。ITS rDNA 序列在系统发育、微生物种的鉴定方面具有广泛应用，而 SCAR 技术则是基于 RAPD 扩增产物测序发展而来，能够简便、快速、稳定的进行菌种鉴定。在涉案专利说明书中，记载了纯白色真姬菇 Finc – W – 247 菌种的 SCAR 分子标记，能够对 Finc – W – 247 菌种进行快速鉴定的 975bp 的特异 DNA 片段，具有实验数据支撑，所述特异 DNA 片段为涉案发明真姬菇菌株 Finc – W – 247 的 SCAR 分子标记，其他同种不同株的菌株并不含有该特异性片段。该内容记载在说明书中，除非有相反的证据，说明书中记载的内容应被视为真实有效。本案中，被告绿圣蓬源公司、鸿滨禾盛公司虽主张说明书记载的内容不真实，但没有提供证据证明涉案专利说明书记载有误，或者提供其他真姬菇的基因序列中含有所述 975bpDNA 片段，所述 975bpDNA 片段并不是特异性的片段，并不能作为分子标记，根据现有证据也无法证明涉案专利说明书的内容不真实有效。鉴于此，以 975bp 的特异 DNA 片段的 SCAR 分子标记、ITS rDNA 序列和形态学特征比较分析来判断被控侵权的菌株与专利保藏菌株是否属于同一种菌株。利用三种不同的鉴定方法来共同判断被控侵权的菌株与专利保藏菌株是否属于同一种菌株，可以弥补不同鉴定方法的不足，更准确地得到结果。

第 163 号鉴定意见显示，根据 ITS rDNA 序列比对，专利保护的纯白色真姬菇与被控侵权产品的 ITS rDNA 序列与斑玉蕈 Hypsizygus marmoreus HMB1（HM561968）的 ITS rDNA 序列相似度达到 99.9%，两者属于同一物种。根据 SCAR 分子标记特异性 975bpDNA 片段序列比对，二者特异性 975bpDNA 片段序列完全相同，形态学特征基本相同。鉴定认为，二者属于同种菌株，被控侵权产品和专利保护的纯白色真姬菇属于同一种微生物，也就是说，被控侵权产品在涉案专利权利保护的范围内。

【案例启示】

涉案专利的保护范围只有一项权利要求，"一种纯白色真姬菇菌株 Finc-W-247，其保藏编号是 CCTCC NO：M212378"。该权利要求的撰写方式利用了微生物保藏编号来对菌种进行限定，目的是对该菌种进行保护。权利要求需要得到说明书的支持，如果采用这种微生物保藏编号进行限定，说明书一定要详细记载发明菌种的生物学形态特征、生物学特性、遗传学特性、特异性的具有区别作用的基因序列，以及与其他相近似菌株的鉴定方法。这样做一方面是满足说明书充分公开，本领域技术人员能够实施的要求；另一方面，为授权之后可能的侵权判定做好准备，为后续的菌种鉴定指明方向，降低菌种鉴定的成本和方法选择等带来的不确定性。另外，权利要求撰写中，除了独立权利要求用微生物保藏号进行限定外，可以适当增加从属权利要求的数量，构建一个更加清晰明确的权利保护范围层级。

本案是我国第一例关于微生物本身发明的专利侵权案件，随着我国生物技术的发展，对于生物专利方面的侵权案件也会逐渐增多。这些专利的权利要求通常用核苷酸或氨基酸序列来表述，因此在侵权判定方面，如何选择鉴定的序列，如何进行序列比对，以及等同原则的适用，都是今后可能面临的挑战。鉴于此，在专利申请文件的撰写中，不仅需要考虑保护范围和授权前景，同时也需要考虑可能的侵权行为，以及在侵权判断中序列鉴定的问题。如果申请时已经明确存在特异性的区分序列和鉴定方法，这些信息应当包含在说明书中，为将来的侵权判定做好准备。

案例十二　植物新品种保护范围的判断

——蔡新光、广州市润平商业有限公司侵害植物新品种权纠纷二审民事纠纷案

【案例问题】

植物新品种权的保护范围是授权植物品种的繁殖材料。随着技术的不断发展，在植物新品种保护期限内，可能会出现不同于植物新品种申请人当时在申请时提交的植物繁殖材料。那么，这些不同于申请时提交的该授权品种的植物繁殖材料，是否仍在植物新品种的保护范围内？另外，将某一植物材料认定为某一授权品种的繁殖材料，必须满足哪些构成要件呢？

【当事人】

上诉人（原审原告）：蔡新光。

被上诉人（原审被告）：广州市润平商业有限公司。

【案情简介】

蔡新光为涉案品种权CNA20090677.9"三红蜜柚"的品种权人，于2014年1月1日获准授权，该品种权的保护期限为20年。农业农村部植物新品种保护办公室作出的《农业植物新品种DUS测试现场考察报告》中指明，品种暂定名称三红蜜柚，植物种类为柑橘属，品种类型为无性繁殖，三红蜜柚果面颜色暗红、白皮层颜色粉红、果肉颜色紫，红肉蜜柚果面颜色黄绿、白皮层颜色白、果肉颜色红。

蔡新光于2018年3月23日向广州知识产权法院（以下简称一审法院）

提起诉讼，主张广州市润平商业有限公司（以下简称润平公司）连续大量销售三红蜜柚果实，侵害其获得的品种名称为"三红蜜柚"的植物新品种权。一审法院于 2019 年 1 月 3 日作出（2018）粤 73 民初 732 号民事判决，驳回了原告蔡新光的诉讼请求。蔡新光不服，向最高人民法院（以下简称二审法院）提起上诉。二审法院驳回上诉，维持了原判。

【法院判决】

一审法院认为，根据蔡新光当时申请植物新品种权过程中提交的《意见称述书》《农业植物新品种 DUS 测试现场考察报告》中的内容可知，三红蜜柚是通过从芽变分枝上采穗嫁接以及采穗高接进行繁殖的，而非利用汁胞等外植体细胞通过组织培养技术。由于被诉侵权蜜柚果实并非用于嫁接繁殖的材料，一般不宜判定为繁殖材料，否则将超出权利人培育其植物新品种所付出的创造性劳动成果范围，与权利人申请新品种权过程中应当享有的权利失衡。原告未能举证证明润平公司销售的被诉侵权蜜柚果实属未经许可培育而得的收获材料，也未能证明润平公司将之作为繁殖材料予以销售。因此，一审法院驳回了原告的诉讼请求。

二审法院认为，判断植物体的哪些部分属于繁殖材料，需要根据具体的植物新品种来进行。对于既可作为繁殖材料又可作为收获材料的植物体，在侵权纠纷中能否认定为繁殖材料，应当审查销售者销售被诉侵权植物体的真实意图，即其意图是将该材料作为繁殖材料销售还是作为收获材料销售。对于使用者抗辩其属于使用行为而非生产行为，应当审查使用者的实际使用行为，即是将该收获材料直接用于消费还是将其用于繁殖授权品种。在本案中，法院认定被诉侵权蜜柚果实是收获材料而非繁殖材料，不属于植物新品种权保护的范围。原告蔡新光关于被诉侵权蜜柚果实为三红蜜柚的繁殖材料、被告润平公司销售行为构成侵权的上诉主张不能成立，因此驳回上诉，维持原判。

【案例评析】

本案具有典型代表性，是 2021 年最高人民法院公布的指导案例，涉及植物新品种权保护范围的判断，以及如何认定授权品种的繁殖材料。随着我国育种技术的不断发展，获得植物新品种保护的授权品种会越来越多，相应的侵犯植物新品种权的诉讼也会不断增加。本案对于植物新品种保护范围的确定和植物繁殖材料的判断提供了有益的探索和重要的参考。

一、收获材料不应认定为繁殖材料

《种子法》（2015）[①] 第28条规定："完成育种的单位或者个人对其授权品种，享有排他的独占权。任何单位或者个人未经植物新品种权所有人许可，不得生产、繁殖或者销售该授权品种的繁殖材料，不得为商业目的将该授权品种的繁殖材料重复使用于生产另一品种的繁殖材料；但是本法、有关法律、行政法规另有规定的除外。"《植物新品种保护条例》（2014）第6条规定："完成育种的单位或者个人对其授权品种，享有排他的独占权。任何单位或者个人未经品种权所有人许可，不得为商业目的生产或者销售该授权品种的繁殖材料，不得为商业目的将该授权品种的繁殖材料重复使用于生产另一品种的繁殖材料；但是，本条例另有规定的除外。"《最高人民法院关于审理侵犯植物新品种权纠纷案件具体应用法律问题的若干规定》（法释〔2007〕1号）第2条第1款规定："未经品种权人许可，为商业目的生产或销售授权品种的繁殖材料，或者为商业目的将授权品种的繁殖材料重复使用于生产另一品种的繁殖材料的，人民法院应当认定为侵犯植物新品种权。"

根据《种子法》（2015）、《植物新品种保护条例》和《最高人民法院关于审理侵犯植物新品种权纠纷案件具体应用法律问题的若干规定》，可以看到，未经品种权人许可，不得为商业目的生产或者销售该授权品种的繁殖材料。本案中，判断销售侵权蜜柚果实的行为是否构成对蔡新光三红蜜柚植物新品种权的侵害，关键在于判断被诉侵权的蜜柚果实是否属于授权品种的繁殖材料。具体到某一种植物新品种，其是否属于植物新品种权保护范围的繁殖材料，取决于该具体的植物部分是否可以繁殖出植物的一部分或整个植物的新个体，并具有与该授权品种相同的特征特性。对此，需要根据具体案情

[①] 2021年12月24日，第十三届全国人民代表大会常务委员会第三十二次会议通过《全国人民代表大会常务委员会关于修改〈中华人民共和国种子法〉的决定》，自2022年3月1日起施行。

来判断。

在本案中，二审法院认为，判断某一材料是否为授权品种的繁殖材料，无论是无性繁殖，还是有性繁殖，在生物学上必须同时满足三个条件：其属于活体，具有繁殖能力，并且繁殖出的新个体与该授权品种的特征特性相同。结合本案品种的具体情况，在当前技术条件下，即便是专门的科研单位，也难以通过三红蜜柚果实的籽粒繁育出蜜柚种苗。三红蜜柚果实的籽粒及其汁胞均不能繁殖出具有三红蜜柚品种特征特性的新个体。同时，考虑到同一植物材料可能有多种用途，既可能是繁殖材料，也有可能是收获材料。在侵权纠纷中，是否将植物材料认定为繁殖材料，应当根据具体案情来判断，审查销售者销售被诉侵权植物体的真实意图，是将该材料作为繁殖材料销售，还是作为收获材料销售；对于使用者抗辩其属于使用行为而非生产行为，应当审查使用者的实际使用行为，是将该植物材料直接用于消费，还是将其作为繁殖材料用于繁殖授权品种。具体在本案中，被诉侵权蜜柚是作为果实进行销售，而非作为繁殖材料，同时使用者的使用行为也是作为收获材料，即作为果实来使用，而非作为繁殖材料。因此，本案中被诉侵权蜜柚果实不属于植物新品种权保护的范围。

二、植物繁殖材料的认定标准

根据《植物新品种保护条例》（2014）的规定，植物新品种是指经过人工培育的或者对发现的野生植物加以开发，具备新颖性、特异性、一致性和稳定性并有适当命名的植物品种。植物新品种的繁殖材料，无论是无性繁殖材料，还是有性繁殖材料，都需要能够稳定地繁殖出与受保护的植物新品种特性完全一致的植物体。繁殖材料承担着植物新品种的繁衍，将植物新品种的遗传特征一代一代稳定地传递下去，通过繁殖材料实现代代相传，使得植物新品种一代一代的稳定延续。

根据《种子法》（2015）的规定，种子是指农作物和林木的种植材料或者繁殖材料，包括籽粒、果实、根、茎、苗、芽、叶和花等。《植物新品种保护条例实施细则（农业部分）》第5条进一步阐释，繁殖材料是指可繁殖植物的种植材料或植物体的其他部分，包括籽粒、果实和根、茎、苗、芽、叶等。《植物新品种保护条例实施细则（林业部分）》第4条将繁殖材料定义为整株植物（包括苗木）、种子（包括根、茎、叶、花、果实等）以及构成植物体的任何部分（包括组织、细胞）。《进境植物繁殖材料检疫管理办法》第 4 条将植物繁殖材料统称为植物种子、种苗和其他繁殖材料，即栽培、野生的可供繁殖的植物全株或者部分，如植株、苗木（含试管苗）、果实、种子、砧木、接穗、插条、叶片、芽体、块根、鳞茎、花粉、细胞培养材料（含转基因植物）等。虽然上述法律法规对繁殖材料进行了例举，但对于某一具体品种而言，如何判定植物体的哪些部分为繁殖材料，并未给出明确规定。

《国际植物新品种保护公约》（UPOV 公约）是保护育种和权益的重要国际协定，目的是协调各成员国之间在植物新品种保护方面的政策、法律和技术，确保成员国以清晰、明确的原则为基础，对符合新颖性、特异性、一致性和稳定性要求的植物新品种的育种者授予知识产权，保护其合法权益。[①] 我国是 UPOV 公约的成员国，已加入该公约的 1978 年文本，但尚未加入 1991 年文本。《国际植物新品种保护公约》1978 年文本没有对繁殖材料进行定义，根据《国际植物新品种保护公约》的注释，任何可用于繁殖该品种的植物及其部分都被视为繁殖材料。《国际植物新品种保护公约》还明确指出，繁殖材料不仅限于种子。[②]

繁殖，作为一个生物学概念，是指生物为延续种族所进行的产生后代的生理过程，即生物个体产生新个体的过程，产生的新个体一定延续着该种族的特征。繁殖材料包括有性繁殖材料和无性繁殖材料，植物或植物体的一部分均有可能成为繁殖材料。因此，繁殖材料一定要有繁殖能力，并且能够稳定地繁殖出新个体，新个体与受保护的授权品种的特征特性完全相同。在本案中，二审法院认为，判断某一材料是否为授权品种的繁殖材料，在生物学上必须同时满足三个条件：其属于活体，具有繁殖的能力，并且繁殖出的新个体与该授权品种的特征特性相同。笔者对此表示赞同。虽然判断授权品种

[①] 参见《国际植物新品种保护公约 1991 年文本——育种者权利》，载中国保护知识产权网，http://ipr.mofcom.gov.cn/hwwq_2/intro/intro/UPOV/upov_91.html。

[②] 参见周翔、罗霞、游美玲：《植物新品权中繁殖材料的认定》，载《人民司法》2020 年第 1 期。

的繁殖材料是从生物学的角度出发，但繁殖材料是品种权人行使排他独占权的基础，同时，植物新品种的繁殖材料也涉及植物新品种权的保护范围，它的认定是法律适用的前提。

三、植物新品种权的保护范围

植物新品种权的保护范围是授权植物品种的繁殖材料，因为保护了授权品种的繁殖材料，就相当于保护了授权的植物品种。本案中，原告蔡新光在申请三红蜜柚植物新品种权时，提交的是采用以嫁接方式获得的繁殖材料枝条，那么保护范围仅是当时提交植物新品种申请文件时提交的以嫁接方式获得的繁殖材料枝条，还是包括随着技术发展，其他的繁殖材料也可以包括在内呢？从《植物新品种保护条例》的立法目的看，鼓励培育新品种，对于完成育种的单位或个人对其授权品种，享有排他的独占权，即不得为商业目的生产或者销售该授权品种的繁殖材料，不得为商业目的将该授权品种的繁殖材料重复使用于生产另一品种的繁殖材料。可见，《植物新品种保护条例》的保护对象是授权植物新品种和该授权植物新品种的繁殖材料。

只要获得受保护的植物新品种的繁殖材料，就可以获得植物新品种植株，因此，禁止未经许可为商业目的生产或销售授权品种的繁殖材料，因为一旦生产或销售了授权品种的繁殖材料，也就意味着未经许可获得了这种植物新品种。随着技术的发展，在植物新品种保护期限内，可能会出现不同于植物新品种申请时提交的繁殖材料，这些繁殖材料也能培育成受保护的植物新品种。这些新出现的受保护品种的繁殖材料，虽与权利人当时提交的繁殖材料不同，但若不在保护范围内，则可能被育种者普遍使用，导致有多个不同的繁殖材料可以获得同一种受保护的植物新品种。若只有其中一种繁殖材料受到保护，而其他繁殖材料都得不到法律保护，按照常理，育种者将不会去选择用受保护的繁殖材料来获得这种植物新品种，而是选择不经许可就可以免费使用的植物繁殖材料，这样也就失去了保护的目的，使被保护的植物繁殖材料失去实际价值。因此，随着技术的发展，除权利人申请时提交的繁殖材料外，在保护期限内，所有能够繁殖出授权品种的新繁殖材料，均应当纳入植物新品种权的保护范围。

2015 年修订的《种子法》提升了植物新品种保护的法律位阶，2021 年新修正的《种子法》第四章进一步加强了对新品种的保护，为落实该法，需进一步加强对植物新品种的保护力度，激励育种创新，鼓励培育和使用植物新品种，促进农林业的发展。相应地，我国启动了对《植物新品种保护条例》的修订工作。

2022年11月，为了进一步加大种业知识产权保护力度，激励种业原始创新，农业农村部发布了《植物新品种保护条例（修订征求意见稿）》公开征求意见的通知。其中《植物新品种保护条例（修订征求意见稿）》第7条规定，"品种权所有人对其授权品种，依照法律、法规享有排他的独占权。除有关法律和本条例另有规定外，任何单位或者个人未经品种权人许可，不得对该授权品种的繁殖材料，从事下列行为：（一）生产、繁殖和为繁殖而进行处理；（二）许诺销售、销售；（三）进口、出口；（四）为实施本款第（一）至（三）项行为提供存储。实施前款规定的行为，涉及由未经许可使用授权品种的繁殖材料而获得的收获材料的，应当得到品种权人的许可；但是，品种权人对繁殖材料已有合理机会行使其权利的除外。对下列各项实施第一款、第二款规定行为的，应当得到授权品种的品种权人的许可：（一）授权品种的实质性派生品种，但该授权品种不是实质性派生品种；（二）与授权品种没有明显区别的品种；（三）为商业目的重复利用授权品种进行生产或繁殖的品种"。从征求意见稿第7条看，扩大了品种权人的权利范围，删除了商业目的，不仅涉及未经许可对植物繁殖材料的生产、繁殖、出口和进口，还涉及许诺销售和销售、为繁殖进行的处理，以及为生产、繁殖、许诺销售、销售、进口、出口进行提供存储。实施上述行为，如果品种权人对繁殖材料没有合理机会行使其权利的，涉及到未经许可使用授权品种的繁殖材料而获得的收获材料的，也需要获得品种权人的许可。这次修订征求意见稿也扩充了植物新品种的保护对象，从植物新品种的繁殖材料扩充到植物新品种的收获材料，并且还衍生到实质性派生品种、与授权品种没有明显区别的品种和为商业目的重复利用授权品种进行生产或繁殖的品种，极大加强了对植物新品种的保护。

案例十三　药品专利反向支付协议的反垄断审查

——阿斯利康有限公司诉江苏奥赛康药业有限公司侵害发明专利权纠纷案

【案例问题】

我国《专利法》第四次修正建立了药品专利纠纷早期解决机制，同时鼓励仿制药积极挑战原研药的专利。对于首个成功挑战专利并首个获批上市的化学仿制药，给予12个月市场独占期，在一定程度上可能有利于"药品专利反向支付协议"的产生。在处理药品专利侵权、无效或其他案由的案件中，若涉及具有"药品专利反向支付"协议外观的和解协议或合同，法院是否可以依职权进行反垄断审查？同时，对于药品专利反向支付协议的反垄断审查，应当如何界定审查的限度和路径？

【当事人】

上诉人（原审原告）：阿斯利康有限公司（AstraZenecaAB）。

被上诉人（原审被告）：江苏奥赛康药业有限公司。

【案情简介】

涉案专利是专利号为01806315.2、名称为"基于环丙基稠合的吡咯烷二肽基肽酶Ⅳ抑制剂、它们的制备方法及用途"的发明专利。该专利由布里斯托尔—迈尔斯斯奎布公司（Bristol - Myers Squibb Company，以下简称BMS公司）于2001年3月5日在我国申请，并于2005年8月3日获得授权。

BMS公司于2014年5月23日将该专利转让给阿斯利康有限公司（以下简称阿斯利康公司）。

阿斯利康公司与BMS公司共同研发生产的沙格列汀片，中文商品名为"安立泽"，是一种DPP-4抑制剂。该药物具有不引起低血糖或体重增加等不良反应、可延缓Ⅱ型糖尿病进程等优点，目前已成为Ⅱ型糖尿病口服药物的主要治疗药物。安立泽的活性成分沙格列汀的化学结构式，正是涉案专利权利要求8中的第7个化学结构式。2011年5月，该药物获得国家药品监督管理局批准后，在我国上市销售。

2019年4月23日，阿斯利康公司起诉江苏奥赛康药业有限公司（以下简称奥赛康公司）侵犯涉案专利的专利权。阿斯利康公司和奥赛康公司均认可，被诉侵权药品落入了涉案专利权利要求1、8、11、12、13的保护范围。江苏省南京市中级人民法院（以下简称一审法院）依据《合同法》第5条、第6条、第60条，《专利法》第11条、第69条第5项的规定，判决驳回原告阿斯利康公司的诉讼请求。阿斯利康公司不服，向最高人民法院（以下简称二审法院或最高院）上诉，请求撤销一审判决，依法改判支持阿斯利康公司的全部诉讼请求。当本案二审立案后，江苏威凯尔医药科技有限公司（以下简称Vcare公司）以BMS公司和阿斯利康公司违反涉案《和解协议》为由将两公司诉至一审法院。一审法院于2019年6月10日立案受理，案号为（2019）苏01民初1651号。二审期间，阿斯利康公司在2021年4月16日提交了请求撤回上诉的申请，主要原因可能是阿斯利康公司与奥斯康公司达成了口头和解协议，与此同时，奥赛康公司也申请撤回（2019）苏01民初1651号案件的起诉。此外，本案案情还涉及涉案专利无效的《和解协议》。

2011年8月10日，Vcare公司向国家知识产权局专利复审委员会请求宣告涉案专利ZL01806315.2无效，之后，涉案专利的原权利人BMS公司与Vcare公司先后于2011年12月6日和2012年1月4日签订了两份《和解协议》。

在第一份《和解协议》中，Vcare公司同意向专利复审委员会撤销对涉案专利ZL01806315.2，编号为4W101061的无效宣告请求书，并向BMS公司提供了一份副本协议。2012年1月4日，双方又签订了第二份《和解协议》，主要内容是：BMS公司承诺对Vcare公司及Vcare公司关联方在本协议指定地域中按指定用途研究、申报注册、制造、销售、许诺销售或进口指定产品的行为，在承诺期限内不会主张任何权利或付诸任何法律程序，放弃追究Vcare公司及其关联方可能侵犯及侵犯指定知识产权的全部法律责任；BMS公司放弃以任何方式阻止、妨碍Vcare公司和/或Vcare公司关联方向我国药品注册管理部门申报和注册指定产品的权利；BMS公司放弃追究Vcare公司和/或Vcare公司关联方可能侵犯和已经侵犯指定知识产权的全部法律责任，包括停止侵权行为的责任、赔偿等责任的权利等。

2012年6月12日，奥赛康公司与Vcare公司签署了《"沙格列汀项目"合作框架协议》，2012年8月29日，双方进一步签署了《关于沙格列汀片2.5mg的合作协议》和《补充协议》。双方项目合作的目的是在专利期内，使奥赛康公司能够在中国合法生产、销售沙格列汀片。根据协议，Vcare公司负责完成沙格列汀片（包括2.5mg和5mg两种规格）的技术开发工作并获得相应的报酬，而奥赛康公司则负责该药品的申报注册，并获得相关的《药品注册批件》。

2017年，奥赛康公司向国家药监局提交了两份沙格列汀片（包括2.5mg和5mg两种规格）的注册申请，2019年1月19日，奥赛康公司成功取得了国家药品监督管理部门批准的《药品注册批件》（批件号：2019S00011、2019S00012）。

【法院判决】

一审法院认为，被诉侵权药品落入了涉案专利权利要求1、8、11、12、13的保护范围。根据《专利法》第69条第5项的规定，奥赛康公司就涉案两种规格的沙格列汀片向国家药品监督管理部门申报并获得注册批件的过程中，对于被诉侵权药品的制造、使用行为，并不构成对涉案专利权的侵害。根据Vcare公司与BMS公司于2012年1月4日签订的《和解协议》，奥赛康公司作为该协议所称的Vcare公司的关联方，在2016年1月1日后制造、销售、许诺销售涉案沙格列汀片的行为，同样不构成对涉案专利权的侵害。

二审期间，阿斯利康公司2021年4月16日提交了请求撤回上诉的申请，原因是阿斯利康公司与奥赛康公司已达成口头和解协议，阿斯利康公司申请撤回上诉，以及奥赛康公司申请撤回（2019）苏01民初1651号案件的起诉。二审法院认为，该案中的《和解协议》虽然具有《药品专利反向支付协议》的外观，但目前难以得出涉案《和解协议》明显涉嫌违反《反垄断法》的结论，且无进一步审查之必要。此外，法院也未发现该协议存在其他可能损害国家利益、社会公共利益或他人合法权益的事由。尽管一审判决没有对涉案《和解协议》作反垄断相关审查而有所欠缺，但其最终裁判结果仍属正确，不存在《最高人民法院关于适用〈中华人民共和国民事诉讼法〉的解释》第337条规定的不应准许撤回上诉的情形。因此，法院判决，阿斯利康公司在本案审理期间提出撤回上诉的请求，不违反法律规定，予以准许。

【案例评析】

本案是我国第一例在非反垄断案由的案件中对"药品专利反向支付协议"作出了反垄断初步审查，也是我国第一个涉及"药品专利反向支付协议"的反垄断案件，被选入2021年中国法院50件典型知识产权案件。随着2020年《专利法》的第四次修正，我国建立了药品专利纠纷早期解决机制，可能在一定程度上使得药品专利反向支付协议产生。最高人民法院对此类协议的反垄断审查立场非常明确，即不论案件本身是否是反垄断案由，只要涉及具有"药品专利纠纷反向支付协议"外观的和解协议，法院就需要作出反垄断相关审查。该案发生在药品专利纠纷早期解决机制建立之前，最高院及时关注到此问题，并通过司法判例的形式作出指导，具有极大的研究价值和潜在的指导意义。

与常规的侵权案件不同，本案争议的焦点并不在于被诉侵权产品是否落入涉案专利的保护范围，而在于整个事态发展的过程中，签订的《和解协议》是否违反了《反垄断法》。当阿斯利康公司提出请求撤回上诉的申请时，法院对具有《药品专利反向支付协议》外观的《和解协议》是否违反《反垄断法》进行了审查。本案的特点体现在对具有《药品专利反向支付协议》外观的《和解协议》进行了反垄断的审查。

一、药品反向支付协议的产生与发展

《药品反向支付协议》的产生可以追溯到1984年美国通过的《药品价格竞争与专利期补偿法》，该法案在建立药品专利链接制度的同时，也催生了此类协议的出现。1980年罗氏诉Bolar案件后，仿制药上市问题在美国引起了巨大的关注。1984年，由众议员Henry Waxman和参议员Orin Hatch提请，经过原研药企和仿制药企的共同努力，美国国会通过了《药品价格竞争和专利期补偿法案》（Drug Price Competition and Patent Term Restoration Act），又称"Hatch – Waxman法案"。Hatch – Waxman法案规定了有利于仿制药企的药品简化申请，鼓励仿制药企积极对原研药专利提出无效，对于首个成功证明原研药专利无效的仿制药企，将授予其180天的市场独占期。

原研药研发周期很长、投入很大、风险很高、收益也很大。原研药上市后，依靠专利保护获得一定时间的市场垄断，以此收回前期的投入以及获得高额利益。但一旦专利到期后，往往会出现专利悬崖的现象，药品价格下降巨大，面对巨额的销售额差，原研药企业会尽力采取措施以维持垄断利益。由于专利到期，仿制药进入市场，将导致药品价格骤降，损害创新药的市场。因此，原研药企存在与仿制药企达成和解协议的动机，仿制药企业也趋向于在利益不确定的情况下，接受较为确定的补偿金额，这就为达成反向支付协议提供了动机。

由于药品研发的天然特性，即使在没有药品专利链接的国家，药品专利诉讼纠纷中出现和解协议，且和解协议具有反向支付的外观也不奇怪，这种情况更多的是受市场利益的驱动。在美国，由于Hatch – Waxman法案"鼓励仿制药挑战创新药"的制度设计，增加了反向支付协议产生的可能性。同时，随着跨国制药企业的扩展及其在全球药品市场中的推广，药品反向支付协议提供了一种达成和解协议的新模式。

我国《专利法》的第四次修正，建立了药品专利纠纷早期解决机制。根据《药品专利纠纷早期解决机制实施办法（试行）》第11条的规定："对首个挑战专利成功并首个获批上市的化学仿制药，给予市场独占期。国务院药品监督管理部门在该药品获批之日起12个月内不再批准同品种仿制药上市，共同挑战专利成功的除外。市场独占期限不超过被挑战药品的原专利权期限。市场独占期内国家药品审评机构不停止技术审评，对技术审评通过的化学仿制药注册申请，待市场独占期到期前将相关化学仿制药注册申请转入行政审批环节。"挑战专利成功是指化学仿制药申请人提交四类声明，且根据其提出的宣告专利权无效请求，相关专利权被成功宣告无效，因而使仿制药可获批上市。给予成功宣告专利权无效，并且首个获批上市的化学仿制药一年的市场独占期，目的是鼓励仿制药进行药品研发，积极挑战原研药的专利，另一方面，平衡仿制药企业为挑战专利而付出的应诉成本。[①] 我国《专利法》进行了第四次修正，建立了药品专利纠纷早期解决机制，并增加了首仿药独占期制度，这为药品反向支付协议的出现提供了可能。这类协议一般是在原研药企的专利被提出无效，或原研药企对仿制药企提出专利侵权诉讼时形成。一方面，原研药企将面临专利到期或被宣告无效后的价格悬崖；另一方面，仿制药企可能将对原研药专利提起无效诉讼，或准备将仿制药推向市场。在此背景下，双方可能会达成和解协议，其中仿制药申请人承诺不挑战该药品相关专利权的有效性或在一定期限内不上市销售仿制药，作为交换，原研药企则给予仿制药企直接或间接的利益补偿。

二、药品专利反向支付协议的反垄断审查思路

目前，我国涉及滥用知识产权排除、限制竞争行为的主要依据为2008年8月1日施行的《反垄断法》（2022年进行了修正）、2019年9月1日施行的《禁止垄断协议暂行规定》、2019年9月1日施行的《禁止滥用市场支配地位行为暂行规定》，以及2020年10月23日修订的《关于禁止滥用知识产权排除、限制竞争行为的规定》。2024年8月市场监管总局公开了《关于药品领域的反垄断指南（征求意见稿）》。其中，《关于禁止滥用知识产权排除、限制竞争行为的规定》第4条指出，"经营者之间不得利用行使知识产权的方式达成《反垄断法》第13条、第14条所禁止的垄断协议"。同时，该规定第15条指出，"分析认定经营者涉嫌滥用知识产权排除、限制竞争行为，可

[①] 参见曹嘉成、樊嘉训、王闻珠：《专利链接制度对我国仿制药申报的激励效果分析及对策建议》，载《中国药房》2023年第19期。

以采取以下步骤:(一)确定经营者行使知识产权行为的性质和表现形式;(二)确定行使知识产权的经营者之间相互关系的性质;(三)界定行使知识产权所涉及的相关市场;(四)认定行使知识产权的经营者的市场地位;(五)分析经营者行使知识产权的行为对相关市场竞争的影响"。

本案中,BMS 公司与 Vcare 公司签订《和解协议》的背景是,Vcare 公司向国家知识产权局提出了对专利号为 01806315.2、名称为"基于环丙基稠合的吡咯烷二肽基肽酶IV抑制剂、它们的制备方法及用途"发明专利的无效宣告请求。之后,专利权人 BMS 公司和 Vcare 公司签订《和解协议》,Vcare 公司撤回了无效宣告请求,BMS 公司则承诺对 Vcare 公司及 Vcare 公司关联方在本协议指定地域、承诺期限内按指定用途研究、申报注册、制造、销售、许诺销售或进口指定产品的行为,不会主张任何权利或付诸任何法律程序;放弃追究 Vcare 公司及其关联方可能侵犯及侵犯指定知识产权的全部法律责任。

这份《和解协议》具有《药品专利反向支付协议》的外观,一方撤回无效宣告请求,另一方承诺不主张任何权利,放弃追究 Vcare 公司及其关联方可能侵犯及侵犯指定知识产权的全部法律责任。对此,法院进行了反垄断审查。依照《民事诉讼法》及其司法解释的规定,当事人申请撤回起诉或上诉的,人民法院应当依法审查。经审查未发现存在依法不应准许的情形的,可以裁定予以准许;未经审查的,不得迳行准许。上述审查系合法性审查。当事人申请撤回起诉的,审查当事人行为的合法性即可;当事人申请撤回上诉的,不仅应当审查当事人行为的合法性,还应当审查一审裁判的正确性。其中,当事人行为的合法性主要是指,当事人是否实施了损害国家利益、社会公共利益、他人合法权益的行为。特定类型案件中的合法性审查,要结合案件特点,重点审查常见的涉嫌违法事由。

在涉及药品专利案件中,具有貌似《药品专利反向支付协议》的协议或合同,即使当事人申请撤回起诉或上诉的和解协议,或是在申请撤回上诉的情形下作为一审裁判依据的合同,只要貌似"药品专利反向支付协议",都需要对这些协议或合同是否违反《反垄断法》进行一定程度的审查。

对于非反垄断案由案件中当事人申请撤回起诉或上诉时垄断违法事由的

审查，由于违反反垄断法的判断具有很强的专业性和高度的复杂性，对于此类撤回起诉或上诉的案件，一般仅限于初步审查。本案是上诉案件，案件的案由涉及专利侵权，而非垄断案件，因此对于垄断违法事由的审查仅限于初步审查。法院的审理思路如图 13-1 所示。

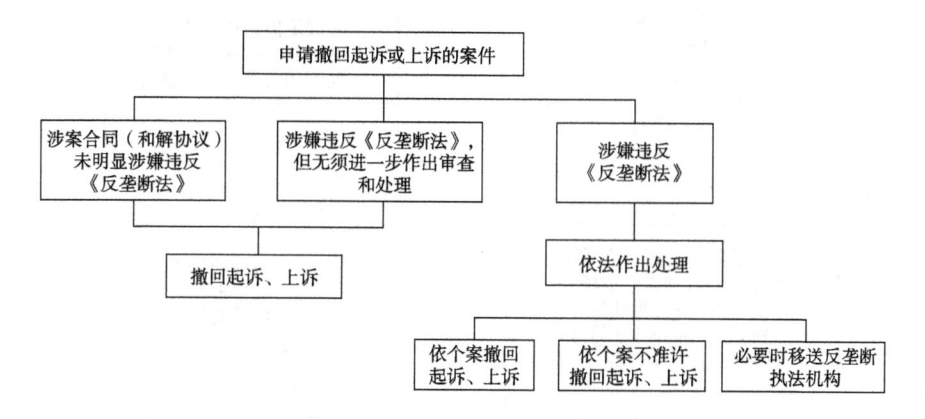

图 13-1 非反垄断案由案件中撤回起诉或上诉的审查

药品专利反向支付协议是药品专利权人承诺给予仿制药申请人直接或间接的利益补偿，而仿制药申请人则承诺不挑战该药品相关专利权的有效性或在一定期限内不上市销售仿制药。这类协议一般是在原研药企的专利被提出无效，或原研药企对仿制药企提出专利侵权诉讼时，双方达成的和解协议。由于这类协议相对比较隐蔽，可能会产生在一定时间的排除、限制竞争的效果，从而构成《反垄断法》规制的垄断协议。判断以不挑战专利权有效性为目的的"药品专利反向支付协议"是否涉嫌构成《反垄断法》规制的垄断协议，重点在于判断其是否涉嫌排除、限制相关市场的竞争。对于竞争损害的判断，一般主要考察该协议是否实质延长了专利权人的市场独占时间、是否实质延缓或排除了实际和潜在的仿制药申请人的市场进入。整个审理思路如图 13-2 所示。

该案例明确了即使在专利侵权案由或专利无效行政诉讼案件中，若涉及具有"药品专利反向支付协议"外观的合同或协议，法院可对该合同或协议进行《反垄断法》审查。同时，该案例也明确了对《药品专利反向支付协议》是否违反《反垄断法》的审查思路。

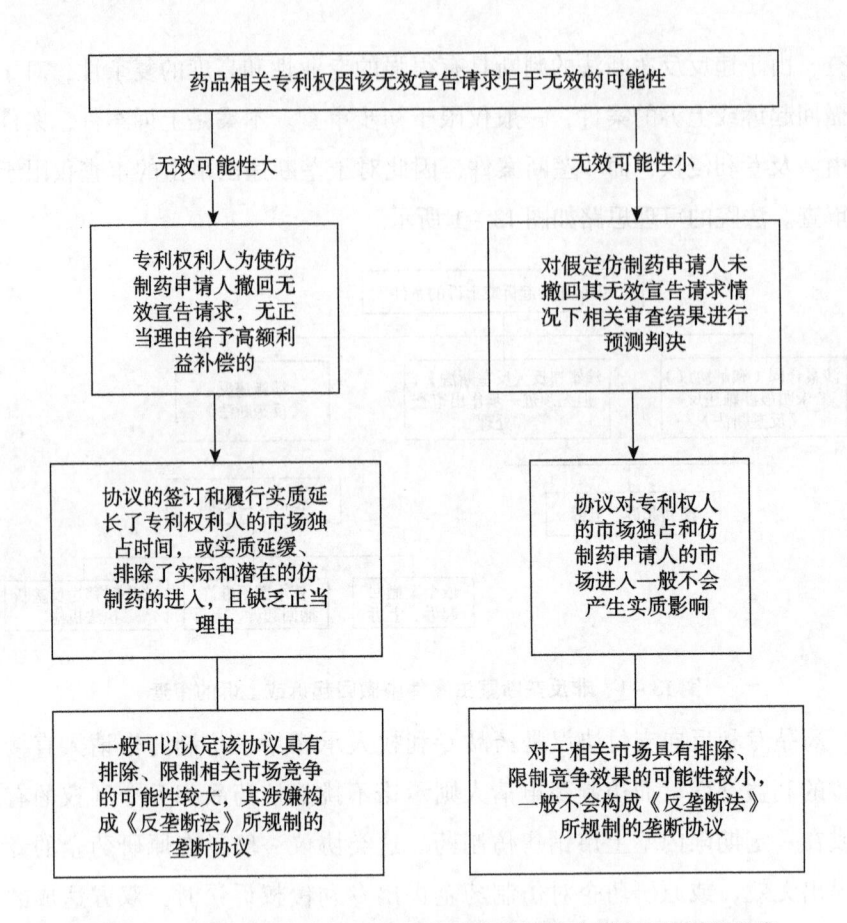

```
                    ┌─────────────────────────────────────┐
                    │ 药品相关专利权因该无效宣告请求归于无效的可能性 │
                    └─────────────────────────────────────┘
                         │                          │
                   无效可能性大                 无效可能性小
                         ▼                          ▼
              ┌──────────────────┐        ┌──────────────────┐
              │ 专利权利人为使仿  │        │ 对假定仿制药申请人未│
              │ 制药申请人撤回无  │        │ 撤回其无效宣告请求情│
              │ 效宣告请求，无正  │        │ 况下相关审查结果进行│
              │ 当理由给予高额利  │        │ 预测判决          │
              │ 益补偿的          │        │                  │
              └──────────────────┘        └──────────────────┘
                         │                          │
                         ▼                          ▼
              ┌──────────────────┐        ┌──────────────────┐
              │ 协议的签订和履行实│        │ 协议对专利权人   │
              │ 质延长了专利权利人│        │ 的市场独占和仿   │
              │ 的市场独占时间，或│        │ 制药申请人的市   │
              │ 实质延缓、排除了实│        │ 场进入一般不会   │
              │ 际和潜在的仿制药的│        │ 产生实质影响     │
              │ 进入，且缺乏正当  │        │                  │
              │ 理由              │        │                  │
              └──────────────────┘        └──────────────────┘
                         │                          │
                         ▼                          ▼
              ┌──────────────────┐        ┌──────────────────┐
              │ 一般可以认定该协议│        │ 对于相关市场具有排│
              │ 具有排除、限制相关│        │ 除、限制竞争效果的│
              │ 市场竞争的可能性较│        │ 可能性较小，一般不│
              │ 大，其涉嫌构成《反│        │ 会构成《反垄断法》│
              │ 垄断法》所规制的  │        │ 所规制的垄断协议  │
              │ 垄断协议          │        │                  │
              └──────────────────┘        └──────────────────┘
```

图 13-2　药品专利反向支付协议是否涉嫌构成垄断协议的判断思路

三、国外对药品专利反向支付协议的审查原则

药品专利反向支付协议是美国药品专利链接制度下的副产品。美国联邦贸易委员会和各州对反向支付协议的原研药和仿制药当事人提起了多起垄断诉讼，各联邦法院在审理过程中对反向支付协议的垄断审查标准也不一致。美国在判断药品反向支付协议是否限制竞争时，采用的司法审判的标准有本身违法原则、快速审查原则、专利范围测试原则和合理原则（见表 13-1）。

表 13-1　美国对于药品专利反向支付的审查原则

本身违法原则	通过反向支付协议暂停仿制药公司的市场独占权，并将仿制药排除在市场之外。这种通过协议解决专利纠纷的行为本身就构成违法，因为该协议本身就是一种反竞争行为，不需要考虑主观意图和实际后果。
快速审查原则（quick look test）	适用于明显带有反竞争效果的反向支付协议，譬如当原研药向仿制药给付巨大且不公平的利益时，提示可能存在垄断协议的风险。此类协议一般推定违法，除非当事人能够证明：和解支付并非出于推迟仿制药上市的目的，而是基于其他考虑；和解协议的目的是促进而非限制竞争。
专利权权利范围专利范围测试原则（scope of the patent test）	专利权天然带有垄断的性质，在专利权保护范围内，某些行为具有排除竞争效力的合法性，因此可以免于反垄断审查。譬如，仿制药延迟上市的时间在专利权人的专利到期日之前；专利侵权诉讼并非毫无根据等情形下，反向支付协议不违反垄断法。
合理原则（rule of reason）	综合考虑药品专利反向支付协议促进与限制竞争两个方面所涉及的多种因素，如原研药企在该药品上是否具有市场支配地位，协议签订前后该药品的市场竞争状况，对后续创新的影响等。

在美国，创新药企和仿制药企达成专利诉讼和解协议时，如果涉及反向支付，应主动向联邦贸易委员会申报，不要求联邦贸易委员会必须明示批准该协议，也不要求在一定期限内给出是否违法的结论，同时赋予联邦贸易委员会灵活采取执法行动的权利。[①]

欧盟委员会在认定药品专利反向支付和解协议是否违法反垄断法时，有两个构成要件：一是原研药企是否限制仿制药企进入市场，二是是否向仿制药企转移价值，并且价值转移的程度要符合特定要求。同时，关注协议是否以限制竞争为目的，主要从协议的内容、当事人双方的市场地位、协议产生的影响等方面进行确定。[②]

随着我国药品专利纠纷早期解决机制的建立，将来如果我国出现类似的

[①] 参见曹志明：《药品领域反向支付问题研究》，载《知识产权》2017 年第 9 期。

[②] 参见焦海洋：《比较视角下药品专利反向支付和解协议违法行为的认定研究》，载《科技与法律》2021 年第 5 期。

药品专利反向支付协议反垄断案件，美国和欧盟对于药品专利反向支付协议反垄断审查时的考量因素，譬如原研药企是否限制了仿制药企进入市场，原研药企是否向仿制药企转移了数额巨大不公平的价值等，和解协议否影响到市场竞争等，可以给我们提供很好的思想上的启迪。2024年8月市场监管总局公开《关于药品领域的反垄断指南（征求意见稿）》中第13条规定了反垄断执法机构分析反向支付协议是否构成反垄断协议，考虑的因素：有被仿制药专利权人给予仿制药申请人的利益补偿是否明显超出被仿制药专利相关纠纷解决成本且无法作出合理解释；若仿制药申请人提出专利无效宣告请求，被仿制药专利权因此归于无效的可能性；协议是否实质延长了被仿制药专利权人的市场独占时间或者阻碍、影响仿制药进入相关市场；其他排除、限制相关市场竞争的因素。结合我国具体的实践，需要不断探寻符合中国特色的药品专利反向支付协议反垄断审查的司法审判原则和具体考虑的因素。

【案例启示】

药品行业中反向支付协议的问题，可能会影响仿制药上市和药品的可及性，因此受到了较高程度的关注。对于制药企业而言，不论是原研药企，还是仿制药企，双方在达成协议时，不论该协议是口头还是书面形式，只要协议具有"药品专利反向支付协议"的外观，都需要进行反垄断合规审查，但也不代表所有反向支付协议都必然违反《反垄断法》，需要进行个案的审查。

不论是原研药企还是仿制药企，都需要建立专利预警机制。对于原研药企，应关注中国上市药品专利信息登记平台，按照药品专利纠纷早期解决机制，及时对仿制药申请上市中的4.2类声明提出行政裁决或向北京知识产权法院提起确认之诉，以阻止仿制药获得上市许可。对于仿制药企，如果在药品研发中，发现原研药专利有瑕疵，存在不满足专利性的要求，在上市申请中，可以按照《药品专利纠纷早期解决机制实施办法》的规定，提出4.1类声明，积极挑战原研药品专利的有效性，如果一旦成为首个挑战专利成功并首个获批上市的化学仿制药，可以获得12个月的市场独占期。当然，不论是原研药企还是仿制药企，在提起行政裁决、法院诉讼，或者向国家知识产权局提出专利无效宣告时，这个过程都可能存在结果的不确定，包括诉讼成本、诉讼时间、人员精力的投入等。在做出决策之前，需要进行专利尽职调查、专利检索分析和综合的评判。同时，原研药企要尽量避免为了维持专利一定时期内的市场垄断，而与仿制药企签订相关协议，向仿制药企支付金额，或者其他代价形式来维持专利权有效，推迟仿制药上市，维持专利药昂贵的价格。仿制药企提出4.2类声明后，也应该避免接受原研药企可能违反公平竞争的邀约，或作出相应的承诺，避免达成破坏正常市场竞争的药品专利反向支付协议。

案例十四 中药组合物专利的创造性判断

——罗世琴诉国家知识产权局发明专利申请驳回复审行政纠纷案

【案例问题】

发明创造审查中创造性的判断，权利要求与最接近现有技术之间的区别技术特征，应当以权利要求记载的技术特征为准，并将其与最接近的对比文件中的技术特征逐一对比。对于中药组合物的发明创造，一般有几味、十几味、甚至几十味中药材，往往与现有技术披露的技术特征的数量差异很大，如何确定最接近的现有技术呢？同时，在中药领域，特别是对于组合物发明创造，与最接近的现有技术相比，区别技术特征相差数目较多，如何判断这些差异对于本领域的技术人员是显而易见呢？

【当事人】

上诉人：罗世琴。

被上诉人（原审被告）：国家知识产权局。

【案情简介】

申请人罗世琴，发明创造名称为"用于治疗肿瘤的药磁贴"，在 2014 年 2 月 11 日申请，申请号为 201410046681.5。2017 年 6 月 29 日，国家知识产权局对本申请作出了驳回决定。罗世琴不服，向国家知识产权局提出了复审，国家知识产权局复审决定认为，权利要求 1 在对比文件 1 的基础上结合本领域的常规技术手段不具备突出的实质性特点和显著的进步，不具备 2008 年《专利法》第 22 条第 3 款规定的创造性。据此，维持国家知识产权局于 2017

年 6 月 29 日对作出的驳回决定。

罗世琴不服该复审决定，向北京知识产权法院（以下简称一审法院）提起诉讼，一审法院于 2019 年 9 月 27 日受理。罗世琴请求撤销被诉决定，国家知识产权局重新作出复审决定。一审法院依据《中华人民共和国行政诉讼法》第 69 条之规定，判决驳回罗世琴的诉讼请求。罗世琴不服一审法院于 2020 年 12 月 9 日作出的（2019）京 73 行初 11986 号行政判决，向最高人民法院（以下简称二审法院）提起上诉。二审法院驳回了上诉，维持了原判。

【法院判决】

一审法院认为，涉案发明与对比文件 1 均可用于解决抑制肿瘤细胞生长、控制扩散和止痛的技术问题，属于相同的技术领域，被诉决定将对比文件 1 作为最接近的现有技术并无不当。同时，国家知识产权局对该申请的说明书、说明书摘要以及修改后的权利要求进行审查而作出被诉决定，并未违反听证原则。

根据"方从法出"的原则，本领域技术人员在选择药物原料时，会考虑药味功效配伍和组方配伍的内在逻辑。基于本申请和对比文件 1 的区别技术特征，被诉决定认定本申请所要解决的技术问题为提供一种治疗肿瘤的药磁贴的制备方法。本领域技术人员在解决相同的技术问题时，可以根据治则在具有相同或相似功效的药物中进行自由选择。根据实际需要在治疗肿瘤的药物组合物中随症加入具有活血化瘀功效的血竭以及适量的益气药，如野山参、太子参，均属于本领域技术人员的常规技术手段。各原料的具体用量，也是本领域技术人员根据中医理论指导并结合临床实践，在常规用量范围内可获得的，由本申请说明书的记载也看不出所述用量的选择带来了意料不到的技术效果。

关于区别技术特征 2，热熔压敏胶是制备贴片的常用辅料，在对比文件 1 的基础上结合本领域的常规技术手段得到权利要求 1 的技术方案，对于本领域技术人员来说是显而易见的，无须付出创造性劳动。一审法院认为，本申请和对比文件 1 中相关药味成分的功效属于本领域的公知常识，国家知识产权局在被诉决定中的认定并无不当。

二审法院认为，根据对比文件1，本领域技术人员可以清楚地知道从活血化瘀、消肿止痛、通络行气等角度选取中药材进行组合，并辅之以养阴扶正、升阳行气的中药材可以有效消除肿块，缓解肿瘤病人的疼痛。涉案申请基于相同的中医治疗理论，从具有类似功效的中药材中进行选择和组合，获得了疗效相当的中药组合物。对于本领域技术人员来说，无须付出创造性劳动即可获得本申请的技术方案。而从申请说明书记载的内容中，看不出所作出的中药材替换、增加以及用量的限定产生了意料不到的技术效果。

关于区别技术特征2，对比文件1中已经公开的技术方案将中药组合物混合粉碎，加入乙醇处理后获得药物提取物，再加入氮酮、纳米远红外陶瓷粉处理获得浸流膏，用医药材料吸附后，再经过加工获得贴膏，使用时根据肿瘤不同循经取穴在穴位上贴敷；涉案申请要求保护的技术方案对于本领域技术人员而言是容易想到的，相对于现有技术是显而易见的，不具备2008年《专利法》第22条第3款规定的创造性。同时，在本申请没有提供关于治疗效果的详细数据信息的情况下，不能认定本申请产生了意料不到的技术效果。因此，二审法院支持了一审法院的判决。

【案例评析】

本案入选了《最高人民法院知识产权法庭裁判要旨摘要（2021）》。

2016年国务院印发《中医药发展战略规划纲要》，标志着中医药发展上升为国家战略。专利作为保护中药科研成果的重要方式之一，对中药产业的发展起着重要作用。[①] 中药专利的创造性审查是评价中药专利技术贡献的重要指标和授权标准之一。本案经历了专利审查、复审、法院的一审和二审，关于创造性的结论具有可信性、法律确定性和权威性。因此，本案对于中药领域中最接近对比文件的选择和创造性的判断标准方面都有指导意义。

《专利法》第22条规定，创造性是指与现有技术相比，该发明具有突出的实质性特点和显著的进步，该实用新型具有实质性特点和进步。在《专利

---

① 参见张朝磊、赵良、卞志家等：《我国中药专利涉及创造性法条的司法判例分析》，载《中国新药杂志》2018年第2期。

审查指南》中，发明创造性判断的具体方法包括三个步骤：首先，需要确定最接近的现有技术。最接近的现有技术，是指现有技术中与要求保护的发明最密切相关的一个技术方案，它是判断发明是否具有突出的实质性特点的基础。其次，确定发明的区别特征和发明实际解决的技术问题。最后，判断要求保护的发明对本领域技术人员来说是否显而易见。如果现有技术中已经给出了将上述区别特征应用到最接近的现有技术以解决其存在的技术问题的启示，这种启示会使本领域技术人员在面对上述技术问题时，有动机对最接近的现有技术进行改进并获得要求保护的发明，则发明是显而易见的，不具有突出的实质性特点，不满足创造性的要求。在判断发明是否具有创造性时，这三个步骤依次相连，紧密相扣。

在本案中，对比文件1公开了一种用于肿瘤消肿镇痛的纳米药磁贴及其制备方法，采用行气活血、通络散结、消肿止痛为治则，药物有效成分主要由23味中药材按重量份数制备而成，使用时根据肿瘤不同循经取穴在穴位上贴敷。涉案权利要求与对比文件1相比，组分中减少了14味药材，分别是雪莲、乌骨藤、草乌、川乌、马钱子、生南星、细辛、蟾酥、郁金、川楝子、胡椒、青皮、路路通、纳米远红外陶瓷粉；新增了12味药材，分别是血竭、大黄、秦艽、野山参、全蝎、蜈蚣、太子参、黄柏、木香、香附、黑白牵牛子、磁粉，并限定了用量。另外，制备方法也有所改进，包括增加了以1:3~8的热熔压敏胶加热混匀的步骤，包装前制成药膏贴或巴布药贴后加贴永磁体并限定永磁体的磁场强度，以及增加加盖医用胶带、保护层的步骤，进一步限定药磁贴治疗肿瘤的作用途径和使用方式。在审理中，法院认为涉案申请文件和对比文件1均可用于解决抑制肿瘤细胞生长、控制扩散和止痛的技术问题，属于相同的技术领域，被诉决定将对比文件1作为最接近的现有技术并无不当。

在选择最接近的对比文件时，一般选择与要求保护的发明技术领域相同、解决的技术问题相似、达到的技术效果或用途相似的对比文件，而且这些文件应当尽可能多的公开了发明的技术特征。即便最接近的对比文件与要求保护的发明技术领域不同，只要能够实现发明的功能并且是公开了发明技术特征最多的现有技术，也可以作为对比文件。

对于中药领域，特别是中药复方组合物的专利申请，组方往往包含多味中药材。在选取最接近的对比文件时，在基本原理一样的前提下，具体方法可能略有不同，与其他领域存在一定的差别。如果从药味数量来看，也就是从技术特征的数量看，在选择最接近的对比文件时，技术特征的数量相差明显。本案的二审法院指出，针对中药领域的发明，特别是在药物有效成分涉及几味、十几味甚至几十味中药材时，不宜过度关注现有技术披露的技术特征的数量，而应更多从发明的实质出发，以发明目的、技术领域、技术问题、技术效果或用途的相似度作为确定最接近现有技术的关键因素。笔者也赞同，在中药组合物的审查中，单纯依靠具体的技术特征以及技术特征的数量来确定相似性是不够的，应当转换角度，从发明的目的、实际需要解决的技术问题、获得的技术效果以及发明所在的技术领域等综合来确定，这为中药领域专利审查中最接近对比文件的选择给出了指导意义。本案中，对比文件1和涉案申请的发明目的、技术领域、技术问题和用途都具有高度相似性，尽管两种技术方案所选用的中药材存在10味以上不同，但由于具有相同功能的中药材相互之间具有可替代性是本领域的公知常识，故将对比文件1作为最接近的现有技术并无不当。

确定了最接近的对比文件后，下一步是对比涉案申请与最接近的对比文件的区别技术特征。基于区别技术特征，涉案申请实际解决的技术问题是提供一种治疗肿瘤的药磁贴的制备方法。对于中药组合物发明申请而言，可能与最接近的对比文件相比，技术特征数目相差很多，在这种情况下，如何对中药组合物、中药复方创造性进行评判也是中药专利授权审查中的重点问题，即如何判断所请求保护的中药发明创造对本领域技术人员来说是显而易见的。

判断是否显而易见，需要在最接近的现有技术的基础上，判断解决本申请所要解决的技术问题而采用的技术方案对于本领域技术人员而言是否容易想到。二审法院在中药组合物审查中指出，判断创造性时需要以中医药传统理论为指导，结合中医辩证施治的基本治疗原则，对发明和现有技术的技术方案从中医理论、诊法治法、方剂和药物等多方面进行分析和比较，从而确定现有技术是否整体上提供了某种技术启示，使本领域技术人员用以解决本发明所要解决的技术问题。在中药组合物发明中，与最接近的对比文件相比，区别技术特征数目往往较多，很难按照传统的判断创造性中的第三个步骤进行判断。因此，在判断创造性方面，应以中医药传统理论为指导，结合中医辨证的思想，将发明与最接近的对比文件从中医理论、诊法治法、方剂和药物等多方面进行比较，确定是否提供了技术启示，从而来判断显而易见性。

具体到本案，涉案申请要求保护的是一种用于治疗肿瘤的药磁贴制备方法，与其最接近的对比文件1公开了一种用于肿瘤消肿镇痛的纳米药磁贴及其制备方法，两者技术领域相同，所要解决的技术问题也基本相同。与其最接近的对比文件1相比，区别技术特征主要是：在组分上，减少了雪莲、乌骨藤、草乌、川乌等14味药材，同时新增了血竭、大黄、秦艽、野山参等12味药材，并限定了用量；在制备方法上，增加了以1:3~8的热熔压敏胶加热混匀的步骤，包装前制成药膏贴或巴布药贴后加贴永磁体并限定永磁体的磁场强度，以及增加加盖医用胶带、保护层的步骤，进一步限定药磁贴治疗肿瘤的作用途径和使用方式；在药物组分配方上，林丽珠主编的《肿瘤中西医治疗学》中记载，中医肿瘤治法主要归纳为扶正培本类治法和祛邪抗癌类治法两类，包括理气活血、祛湿化痰、清热解毒、软坚散结、以毒攻毒等。根据最接近的对比文件1，本领域的技术人员可以清楚地知道，治疗肿瘤的药物可以从活血化瘀、消肿止痛、通络行气等角度来选取中药材进行组合。涉案申请根据相同的中医治疗理论，从具有类似功效的中药材中进行选择，并组合获得疗效相当的中药组合物。鉴于此，法院认为，最接近的对比文件中已经给出了相应的技术启示，对于本领域技术人员来说，无须付出创造性劳动即可获得本申请的技术方案。同时从说明书中也看不出所作出的中药材替换、增加以及用量的限定产生了意料不到的技术效果。

对于区别技术特征2，最接近的对比文件已经公开了将中药组合物混合粉碎，加入乙醇处理后获得药物提取物，再加入氮酮、纳米远红外陶瓷粉处理获得浸流膏，用医药材料吸附后，再经过加工获得贴膏，使用时根据肿瘤不同循经取穴在穴位上贴敷的技术方案。涉案申请在制备过程中，也是将中药组合物粉碎，用酒精提取、浓缩至稠膏，加入氮酮，再以热熔压敏胶加入混匀，放置于透皮骨架材料上制成药膏片后加贴永磁体，使用时贴于肿瘤病灶的经络或有关的腧穴、神阙穴。二审法院同意一审法院的观点，认为区别技术特征 2 属于本领域的常用辅料、常规操作、常规选择和常规技术等，这些区别技术特征对于本领域技术人员来说是显而易见的。二审法院进一步指出，根据最接近的对比文件，本领域技术人员可以清楚地知道治疗肿瘤的药物可以从活血化瘀、消肿止痛、通络行气等角度来选取中药材进行组合，并辅之以养阴扶正、升阳行气的中药材以有效消除肿块，缓解肿瘤带来的疼痛。在中药领域中，处方要符合中医理论，符合"君臣佐使"配伍法则，不能存在配伍禁忌。每一味药材的功效，都已归属于某一类别中。由此，最接近的对比文件已经给出了技术启示，同时从说明书记载的内容也看不出所作出的中药材替换、增加以及用量的限定产生了意料不到的技术效果。

笔者认为，尽管某一类别的中药材有很多，如滋补气血的中药有川芎、当归、熟地、白芍等，但依据现有技术或现有知识，从某一类别中选取中药材进行组合，具体该如何配伍，之间的数量比例关系如何，这个选择并非显而易见。这种选择和配伍需要创造性的劳动，才能使这个组方具有特定的功效，并优于现有技术。因此，不能简单地认为所有类似的选择都可以从现有中医书籍或中药组方中获得启示，从而认定为缺乏创造性，不满足《专利法》第 22 条关于创造性的要求。

【案例启示】

中药是我国几千年人类社会发展的实践总结的智慧结晶。在中药行业传承、创新、高质量发展的大环境下，专利保护普遍被认为是中药最有效的保护形式。[1] 从统计结果看，无论中药的主流发展还是司法判例的结果，都倾向于成分更加确定、分析和药效评判标准更加统一的有效单体和有效部位的研究。[2] 如果中药的研发向着有效单体和有效部位方向开发，将更加趋向专利所期望的方向。

我国中药复方的研究大多基于流传下的经典方，并在经典方的基础上不

---

[1] 参见许钧钧：《浅谈中药组合物专利创造性缺陷的答复》，载《中国发明与专利》2015 年第 10 期。

[2] 参见张朝磊、赵良、卞志家等：《我国中药专利涉及创造性法条的司法判例分析》，载《中国新药杂志》2018 年第 2 期。

断创新。对于中药组合物的专利申请而言，在创造性评判方面可能更加严格。如果现有技术已经公开了从某一类疗效的角度，如活血化瘀、消肿止痛、通络行气等来进行中药组分的配伍，那么仅仅按照这一角度来选取中药材进行组合，即使可以满足新颖性，但在创造性方面也很难达到要求，除非可以证明取得了意料不到的技术效果。鉴于此，在中药组合物发明与专利申请文件撰写中，在疗效方面要有与现有技术的对比，能够证明本发明与现有技术相比取得了意料不到的技术效果，在说明书中要有清楚的记载，也就是说要有记载的支撑内容，能够证明本发明比现有技术在治疗效果方面有显著的提升，取得意料不到技术效果的实验数据或相关内容。

《专利审查指南》（2023）在第二部分新增加了第十一章关于中药领域发明专利申请审查的若干规定，在创造性审查方面，判断要求保护的发明是否显而易见时，需要站位本领域技术人员，以最接近的现有技术和发明实际解决的技术问题为出发点，从整体上判断现有技术中是否存在该区别特征以及将该区别特征用于最接近的现有技术解决该技术问题的技术启示。同时指出，常见的技术启示来源于，最接近现有技术的其他部分、教科书、工具书或综述性文献等现有技术中所公开的相关技术信息，例如，药味的加减信息，药味的功效、用量用法和药理作用，以及发明所述疾病的病因病机、治法治则、常见病程变化和兼证等信息。

案例十五 物质第二医药用途专利的创造性判断

——诺华股份有限公司诉国家知识产权局专利无效行政纠纷再审案

【案例问题】

针对已知药物进行研究,发现新的医药用途,即该物质的第二医药用途。对于物质的第二医药用途申请专利,前提是该物质已知且该物质的功能用途已知,在这个基础上,进一步研究揭示了该物质的第二医药用途,此时,专利申请保护的不是该物质本身,而是该物质的新的医药用途。在专利申请审查中,物质的第二医药用途专利申请的创造性该如何判断?在新颖性判断中,当对比文件为出版物时,出版物的公开日如何确定?

【当事人】

再审申请人(一审原告、二审上诉人):诺华股份有限公司。

被申请人(一审被告、二审被上诉人):国家知识产权局。

【案情简介】

涉案专利的专利号为01817895.2,专利权人为诺华股份有限公司(以下简称诺华公司),优先权日为2000年10月27日,申请日为2001年10月26日,授权公告日为2006年9月27日。涉案专利只有一个权利要求,权利要求如下:"具有通式 I 的4-(4-甲基哌嗪-1-基甲基)-N-[4-甲基-3-[(4-吡啶-3-基)嘧啶-2-基氨基]苯基]-苯甲酰胺或它的可药用盐在制备用于治疗胃肠基质肿瘤的药物组合物中的用途。"

豪森公司于2014年9月5日向专利复审委员会提出了无效宣告请求,请求宣告涉案专利权利要求1无效。豪森公司认为，权利要求相对于证据1、证据2、证据2与证据5或证据6的结合、证据3和证据4的结合、证据3与证据5或证据6的结合不具备专利性。

专利复审委员会认为，权利要求1相对于证据1不具备《专利法》第22条第3款规定的创造性，因此宣告该专利无效。诺华公司不服专利复审委员会的第27371号无效宣告请求决定，向北京知识产权法院（以下简称一审法院）提起行政诉讼，一审法院驳回了原告诺华公司的诉讼请求。诺华公司不服一审判决，向北京市高级人民法院（以下简称二审法院）上诉，二审法院驳回了其上诉，维持原判。诺华公司不服二审法院作出的（2017）京行终2871号行政判决，向最高人民法院（以下简称最高院）申请再审。

【法院判决】

一审法院认为，专利复审委员会作出的被诉决定证据确凿，适用法律法规正确，因此驳回了原告诺华公司的诉讼请求。二审法院维持了一审判决。

再审中，对于被诉决定和一审、二审判决关于证据1公开日的认定是否错误方面，最高院认为，参照民事诉讼的高度盖然性证明标准，结合证据1和反证12的会议日志和分类广告等信息，足以认定证据1在涉案专利优先权日之前公开，属于涉案专利的现有技术。因此，最高院支持了二审判决。同时，最高院认为，该案属于无效请求人与专利权人之间的专利权无效宣告请求行政纠纷，专利复审委员会居中裁决作出被诉决定，二审法院对被诉决定的审查参照适用民事诉讼的高度盖然性证明标准并无明显不当，故没有支持诺华公司主张的适用排除合理怀疑的证明标准。

对于涉案专利相对于证据1是否具有创造性方面，最高院认为，涉案专利权利要求1是制药用途权利要求，而证据1已经教导用选择性酪氨酸激酶抑制剂STI571针对GIST进行的试验属于"新的系统性治疗途径"，在此教导下，本领域技术人员有动机尝试采用STI571治疗GIST的技术方案，即本专利权利要求1记载的技术方案。同时，根据证据1的相关记载，本领域技术人员能够预见使用STI571治疗GIST可能会取得合理的成功。此外，最高院认为证据1中已经记载"非常早期的试验结果看起来令人兴奋"，这表明涉案专利说明书记载的技术效果并没有超出本领域技术人员的预期。因此，最高院支持了二审法院的观点，驳回了诺华公司的再审申请。

【案例评析】

"胃肠基质肿瘤的治疗"发明专利无效案入选了国家知识产权局专利复审委员会"2015年度专利复审无效十大案例"。诺华公司因不服专利复审委员会的复审决定，提起行政诉讼。由于该案关系到用于治疗胃肠基质肿瘤疾病药物的生产和销售，且涉及对比文件公开日的确定、医药用途专利创造性的判断等热点问题，引起了广泛的社会关注。

涉案专利是名称为"胃肠基质肿瘤的治疗"的发明专利，权利要求为："具有通式I的4－（4－甲基哌嗪－1－基甲基）－N－[4－甲基－3－[（4－吡啶－3－基）嘧啶－2－基氨基]苯基]－苯甲酰胺或它的可药用盐在制备用于治疗胃肠基质肿瘤的药物组合物中的用途。"该专利申请权利要求撰写方式比较特殊，即所谓的"瑞士型权利要求"。这种权利要求撰写方式可以覆盖某种已知的物质或化合物的第二种或随后的医学用途或指征，因其最早由瑞士工业产权局适用而被命名。

瑞士型权利要求是保护医学用途发明的主要途径之一。这类专利申请名称一般多采用"物质A在制备治疗疾病B的药物中的应用"或类似表述，这种撰写方式有效解决了我国《专利法》中对疾病的治疗方法不授予专利权的相关规定，对医药用途发明创造提供了必要的保护和激励，平衡了社会公众和权利人的利益，以期更好地促进我国医药创新的发展。

一、对比文件公开日的确定

我国《专利法》第22条规定，现有技术是指申请日以前在国内外为公众所知的技术。公开方式包括出版物公开、使用公开和以其他方式公开三种。对于出版物公开时间的确定，《专利审查指南》（1993）第二部分第三章"2.1.3.1 出版物公开"中规定，"出版物的公开日期，以其第一次印刷日为公开日，如果印刷日只写明年月或者年的，则以所说月份的最后一日或者当年12月31日为公开日"。该项规定有两种理解：第一种理解是，凡是印刷日期信息只写明年月的，一律以所说月份的最后一日为公开日。第二种理解是，印刷日期信息只写明年月的，若结合该印刷物的其他信息仍不足以认定其公开日的，则以所说月份的最后一日为公开日。在本案中，二审法院认为第二种理解正确。《专利审查指南》（2006）将出版日期的规定修改为："出版物的印刷日视为公开日，有其他证据证明其公开日的除外。"再审中，最高院进一步明确了上述规定的推定性质。关于出版物的公开日期的规定属于推定规则。对于该推定规则，如果有其他证据证明出版物的实际公开日，应当根据其他证据确定公开日。笔者赞同这种观点，出版物公开日期的认定涉及判断是否为现有技术，关系到之后的新颖性和创造性的判断。一般以第一次印刷日为公开日，如果印刷日只写明年月或者年的，则以记载的月份的最后一日或当年12月31日为公开日。但是，这只是个推定原则。如果除了印刷日期外，还有其他信息可以证明出版物实际公开的日期，那么应当在综合全部信息的基础上确定实际公开日。在依据相关的信息不能认定具体公开日，或者没有其他信息可以认定具体公开日的情况下，才适用上述推定规则。《专利审查指南》（2023）第二部分第三章规定，纸质出版物的印刷日和视听资料的出版日视为公开日，有其他证据证明其公开日的除外。印刷日、出版日或发布日只写明年月或年份的，以所写月份的最后一日或所写年份的12月31日为公开日。审查员认为出版物的公开日期存在疑义的，可以要求该出版物的提交人提出证明。

《最高人民法院关于适用〈中华人民共和国民事诉讼法〉的解释》第108条第1款规定："对负有举证证明责任的当事人提供的证据，人民法院经审查并结合相关事实，确信待证事实的存在具有高度可能性的，应当认定该事实存在。"在民事诉讼中，绝大部分采用高度盖然性标准，而采用排除合理怀疑标准为例外。在刑事诉讼中，多采用排除合理怀疑标准，因为排除合理怀疑标准要求更高。本案参照民事诉讼的高度盖然性证明标准，结合证据1和反证12，认定证据1在涉案专利优先权日之前公开，属于涉案专利的现有技术。

二、医药用途专利创造性的判断

根据《专利法》的规定，创造性是指同申请日以前已有的技术相比，该发明有突出的实质性特点和显著的进步，该实用新型有实质性特点和进步。

对于创造性的判断，需要以法律虚拟的人——本领域中等水平的技术人员来判断，并以现有技术为比较对象。对于生物医药领域发明的创造性判断，除了遵循创造性判断的一般原则，还需要考虑该领域发明本身的特殊性。

（一）所属技术领域的技术人员与现有技术

《专利审查指南》（1993）在"创造性"部分中规定："所属技术领域的技术人员与审查员不同，他是一种虚拟的人，他知晓发明所属技术领域所有的现有技术，具有该技术领域中普通技术人员所具有的一般知识和能力，他的知识水平随着时间的不同而不同。"《专利审查指南》（2006）和《专利审查指南》（2010）的相应规定为：所属技术领域的人员，也可称为本领域的技术人员，是指一种假设的"人"，假定他知晓申请日或者优先权日之前发明所属技术领域所有的普通技术知识，能够获知该领域中所有的现有技术，并且具有应用该日期之前常规实验手段的能力，但他不具有创造能力。如果所要解决的技术问题能够促使本领域的技术人员在其他技术领域寻找技术手段，他也应具有从该其他技术领域中获知该申请日或者优先权日之前的相关现有技术、普通技术知识和常规实验手段的能力。最新的《专利审查指南》（2023）对于所属技术领域的人员的规定没有发生变化。该所属技术领域的技术人员标准是目前我国专利审查实践和司法实践中执行的标准。之所以设定"所属技术领域的技术人员"，目的在于统一审查标准，避免审查员主观因素的影响。

如果假定本领域技术人员知晓发明所属技术领域所有现有技术，这个标准过高。随着科学技术的发展，专业划分越来越精细，作为一个领域内的普通技术人员，未必能知晓该领域的所有现有技术。如果给这个法律拟制的"所属技术领域的技术人员"设定一个过高的标准——知晓该所属领域的所有现有技术，那么会增加在专利审查中创造性的要求高度。因此，对于本领域技术人员的界定，现行《专利审查指南》的规定更加合理。

从这个规定中可以看出，在申请日或优先权日之前，本领域的普通技术人员应当知晓发明所属技术领域中所有的普通技术知识。这里的普通技术知识指公知常识，包括教科书、技术词典、专业工具书中的本领域的知识，或者在多个期刊文献、多篇专利中报道过的知识内容。对于公知常识，要求本领域技术人员知晓所有的内容。而对于本领域中的所有现有技术,普通技术人员虽不必全部知晓,但应当具备在必要时能够获取这些现有知识的能力。由此可见,申请日前本领域的现有技术包括了公知常识和所有的现有技术。在专利无效宣告过程中,不论是公知常识,还是现有技术,都需要双方当事人的举证。

在本案中,双方当事人对证据2、证据5、证据6所记载的技术知识是否属于本领域的公知常识存在争议。虽然三份证据的公开日期均略早于涉案专利的优先权日,但法院认为,在医学、药学这种知识更新速度并不太快的领域,不能直接当然地认定这些内容为公知常识,即认定本领域技术人员已经知晓这三篇文献中记载的技术知识。

(二) 对第二医药用途专利实验数据的要求

针对已知药物进行研究,发现之前未曾发现的新的医药用途,即第二医药用途。对于物质的第二医药用途申请专利,这类权利要求又称为"瑞士型用途权利要求",即覆盖某种已知的物质或化合物的第二种或之后的医学用途的权利要求。对于物质的第二用途医药申请专利,属于方法专利,为了避免疾病的诊断和治疗方法不能授予专利权,名称一般多以"物质A在制备治疗疾病B的药物中的应用"的方式表述。

对于物质的第二用途专利,前提是该物质已知且该物质的用途已知,在这个基础上,进一步研究揭示了该物质的第二用途,此时,专利申请保护的是该物质的新的用途,如果这个用途具有药物治疗效果,就属于第二医药用途专利申请,说明书中需要完整地公开该物质的医药用途,并且要有实验数据的支撑。

2016年北京市高级人民法院在基因技术股份有限公司与国家知识产权局专利复审委员会发明专利权无效行政纠纷案[①]中提出,对于第二医药用途专利,应当完整地公开该产品的用途,且需要在说明书中给出实验证据来证实其所述的用途以及效果,使得本领域技术人员能够实施该用途发明。这里的

---

① 参见基因技术股份有限公司与国家知识产权局专利复审委员会发明专利权无效行政纠纷案,北京市高级人民法院(2016)京行终字第1762号行政判决书。

本领域技术人员能够实施该用途发明，不一定需要有完全成功的临床试验数据，而是指具有预测到该第二用途成功的合理预期。

本案一审法院认为，对于涉案专利而言，权利要求的解释不仅需要体外细胞实验有效或对 GIST 的动物模型试验有效，还要达到 ST1571"能够有效治疗 GIST 患者"的程度。"能够有效治疗 GIST 患者"并不要求临床试验阶段能够达到绝对的成功，但应使本领域技术人员对该药物治疗 GIST 成功性有合理的预期。从公共健康的角度而言，笔者也赞成一审法院的观点。

在药物研发中，如果对于药物活性化合物申请专利，专利说明书中需要记载明确的动物试验或细胞实验数据来说明该物质的功能。即使获得专利权后，该化合物也不一定最终就可以成为上市药品。如果足够幸运，一旦成药后，对于药物活性化合物，原研药企会进一步研发，并在揭示第二用途后及时申请专利。在提交物质第二医药用途专利申请时，绝大多数情况下，化合物已经通过了临床试验和行政监管，满足药品安全性、有效性和质量可控性，从而成为上市药品。再进一步研究，揭示第二用途，成为上市药品的可能性要远远高于普通的药物化合物专利。因此，对于化合物的第二用途专利，特别是药物第二用途专利，在实验数据方面，不仅需要体外细胞实验或动物模型实验，还需要有临床试验数据支撑，这些临床试验数据并不需要充分地证明所达到的临床试验效果，但要达到使得本领域技术人员能够实施该用途发明，对该药物的第二用途具有成功的合理预期。

（三）对于医药领域创造性的判断

按照《专利审查指南》的规定，判断要求保护的发明相对于现有技术是否显而易见，通常可按照传统的三步骤进行。首先，找到最接近的现有技术；其次，确定发明的区别技术特征和发明实际解决的技术问题；最后，判断要求保护的发明对本领域的技术人员来说是否显而易见。

对已知物质的制药用途授予专利起源于欧洲。1973 年《欧洲专利公约》第 54 条第 5 款承认了第一医药用途发明的新颖性，即对于已知物质，首次被发现其医药用途，承认了物质第一医药用途新颖性，但是该条款并未承认物质第二医药用途的新颖性。① 随着制药产业的发展，对于已知药物新用途的研发成果的专利保护呼吁越来越高，为了促进制药产业的发展，一种特殊的权利要求"物质 X 在制备治疗疾病 Y 的药物中的用途"诞生了，目的是规避对于疾病诊断和治疗方法不授予专利权的规定，对已知化合物新的医药用途来授予专利进行保护。这种权利要求的撰写方式最初由瑞士人发明，因此被称为"瑞士型权利要求"。1984 年，扩大申诉委员会对 G05/83 案的决定，标志着瑞士型权利要求作为第二药用的保护形式在欧洲专利局得到了认可，奠定了瑞士型权利要求在欧洲各国被接受的基础。② 2000 年欧洲专利组织对《欧洲专利公约》进行了修订，新修改的《欧洲专利公约》第 54 条第 5 款中规定了对于物质的第二用途满足可专利性的要求，解决了第二医药用途发明可专利性的问题。

我国《专利审查指南》（2010）和《专利审查指南》（2023）中均规定，由于药品及其制备方法均可依法授予专利权，因此物质的医药用途发明可以通过药品权利要求或例如"在制药中的应用""在制备治疗某病的药物中的应用"等属于制药方法类型的用途权利要求申请专利，这些权利要求不属于《专利法》第 25 条第 1 款第 3 项规定的不可专利的情形。上述的属于制药方法类型的用途权利要求可撰写成如"化合物 X 作为制备治疗 Y 病药物的应用"或与此类似的形式。③ 我国《专利审查指南》中分别规定了化学产品用途发明新颖性和创造性的审查要求，对于已知化学产品的用途发明，如果该新用途不能从产品本身的结构、组成、分子量、已知的物理化学以及该产品的现有用途显而易见地得出或预见出，而是利用了产品新发现的性质，并且产生了意料不到的技术效果，可认为这种已知产品的用途发明具有创造性。④ 化学、生物和医药学科属于实验性学科，同时对结果的预测性很弱，需要大

---

① 参见尹新天：《中国专利法详解》，知识产权出版社 2011 年版，第 346 页。
② 参见吴立、薛旸：《欧洲医药用途发明专利的审查标准沿革及中欧审查实践对比》，载《中国新药杂志》2020 年第 13 期。
③ 参见国家知识产权局：《专利审查指南 2010》，知识产权出版社 2021 年版，第 295 页；《专利审查指南 2023》，知识产权出版社 2024 年版，第 314 页。
④ 参见国家知识产权局：《专利审查指南 2010》，知识产权出版社 2021 年版，第 299 页；《专利审查指南 2023》，知识产权出版社 2024 年版，第 320 页。

量实验数据来验证支撑。对于医药领域的发明技术方案，若现有技术整体上给出了技术教导，足以启发所属领域的技术人员按照所述教导去从事技术研发，而且对研发结果也有合理的成功预期，则应当认定涉案发明技术方案不具有创造性。在对物质的第二医药用途的申请中，新的技术效果要带来新的应用，如果权利要求与现有技术的区别仅在于揭示了已知用途的作用机制，则不足以使权利要求具备新颖性，更谈不上创造性；新的技术效果与现有技术的效果要存在区别，彼此独立，如果有区别但彼此不独立，必须同时作用才能达到疾病的治疗效果，则权利要求不具备新颖性，也谈不上创造性。[①] 对于物质的第二医药用途创造性判断中，第二用途的作用机制不能从现有技术中已知公开的作用机制中推测出或得到相应的启示；已知化合物的第二用途不能从现有技术中已知揭示的用途中得到启发；不能从已知物质本身的分子结构、理化性质、现有的用途或药物的不良反应，甚至药物的毒副实验中得到相关的启示或预测。

涉案专利的权利要求属于瑞士型权利要求，是一项制药用途权利要求，双方均认可治疗胃肠基质肿瘤即 GIST 的活性成分与证据 1 中的选择性酪氨酸激酶抑制剂 STI571 相同，证据 1 已经清楚的说明了用选择性酪氨酸激酶抑制剂 STI571 针对 GIST 进行的试验属于"新的系统性治疗途径"，并且所述试验非常早期的结果看起来令人兴奋。在证据 1 的技术启发下，本领域技术人员有动机尝试涉案专利权利要求 1 记载的技术方案。虽然证据 1 没有公开 STI571 治疗 GIST 的具体试验数据，但综合证据 1 记载的所有内容，已经有记载组成型激活的 C－KIT 受体酪氨酸激酶是合理的靶点，属于新的治疗路径，同时还有"一项选择性酪氨酸激酶抑制剂 STI571 针对胃肠基质肿瘤的试验刚刚在达纳－法伯癌症研究公司（Dana－Farber Cancer Institute）开始（与全球其他的研究中心合作），非常早期的结果看起来令人兴奋""新的治疗途径应当会受到医生的欢迎，也会受到患者及其家人的欢迎"等方面的记载。基于这些记载，本领域普通技术人员会对酪氨酸激酶抑制剂 STI571 针对胃肠

[①] 参见吴立、薛旸：《欧洲医药用途发明专利的审查标准沿革及中欧审查实践对比》，载《中国新药杂志》2020 年第 13 期。

基质肿瘤的新的治疗途径具有成功的预期。换句话说，现有技术给出了涉案技术方案的启示，同时对于结果也有合理的成功预期。相对于现有技术，涉案发明创造的技术方案是显而易见的，不满足创造性的要求。

在发明创造性判断中，除了传统的"三步法"之外，还可以用是否取得了意料不到的技术效果、是否获得了商业性的成功、是否打破了已有的技术偏见、是否解决了长期渴望解决但始终未能成功的技术难题等进行判断。

在生物医药专利申请创造性判断方面，除了"三步法"之外，常常也考虑是否取得了意想不到的技术效果。在《专利审查指南》（2010）中规定，发明取得了意想不到的技术效果，是指发明同现有技术相比，其技术效果产生"质"的变化，具有新的性能；或者产生"量"的变化，超出人们预期的想象。当发明产生了意料不到的技术效果时，一方面说明发明具有显著的进步，同时也反映出发明的技术方案是非显而易见的，具有突出的实质性特点，该发明具备创造性。[①] 这种"质"或"量"的变化，对所属技术领域的技术人员来说，事先无法预测或推理出来。

在生物医药技术领域创造性判断中，相比于其他领域，适用"发明是否取得了意想不到的技术效果"相对更加普遍。因为生物医药领域，技术方案的实现更多依赖于实验数据，对于实验结果是无法预测或者推理出来。也就是说，这种"质"或"量"的变化，对本领域技术人员来说，事先无法预测或推理出来。一旦实验成功，产生了"量"的变化，超过了人们的预期；或产生了"质"的变化，产生了新的性能或作用，都可以用取得了意想不到的技术效果进行衡量。

本案中，诺华公司主张，本专利取得了意想不到的技术效果。最高院认为，涉案专利相对于证据 1 选用的是同样的化合物，治疗的是同样的疾病，没有产生"质"的变化，没有产生新的性能。从"量"方面分析，证据 1 已经记载了"非常早期的试验结果看起来令人兴奋"，涉案专利说明书中记载的技术效果没有超出本领域技术人员的预期。对于涉案专利，也满足不了取

---

① 参见国家知识产权局：《专利审查指南 2010》，知识产权出版社 2021 年版，第 184 页；《专利审查指南 2023》，知识产权出版社 2024 年版，第 198 页。

得了意想不到的技术效果的要求。

【案例启示】

一、专利无效中，对比文件公开日的确定

在专利无效宣告中，请求人认为已经授权的专利不满足授权的实质性要件，需要提交证据来充分证明专利不满足授权的实质性要件。在证据中，对于判断新颖性、创造性等对比文件的选择，时间节点上一定要在申请日前，如果有优先权日的，要在优先权日之前。根据《专利审查指南》（2006）的规定，出版物的印刷日视为公开日，有其他证据证明其公开日的除外。一般以第一次印刷日为公开日，如果印刷日只写明年月或者年的，则以记载的月份的最后一日或者当年12月31日为公开日。《专利审查指南》（2010）对此未做修改。《专利审查指南》（2023）更进一步明确了存在于互联网或其他在线数据库中的资料的公开日。如果除了印刷日期外，还有其他记载的一些信息，可以证明出版物实际公开的日期，在综合所有信息的基础上进行判断。对于一些关键性的重要证据，如果按照出版物印刷日的时间来看，与被无效专利的申请日或优先权日在同年的同月份，但晚于被无效专利的申请日或优先权日，可以考虑从期刊内刊登的会议信息、广告信息或其他相关信息等证明出版物实际公开的日期。如果出版物的实际公开日期早于专利的申请日或优先权日，则可以作为一个重要的对比文件来提交。

二、创造性的判断中对现有技术和公知常识的区分

在专利无效宣告中，不论请求人还是专利权人，都可能需要证明某项技术内容属于公知常识。对于某项技术内容是否属于公知常识，可以从教科书、技术词典、专业工具书中找出相关内容。如果在这些书籍中没有相关内容，可以从期刊文献、技术词典、专业工具书中寻找，如果该技术内容在多个期刊文献、多篇专利中都记载过，也可以用来证明该技术内容可以作为本领域的公知常识。

三、对于生物医药领域中创造性的判断

对于生物医药领域的发明技术方案，若现有技术整体上给出了技术教导，足以启发所属领域的技术人员按照所述教导去从事技术研发，而且对研发结果也有合理的成功预期，那么应当认定涉案发明技术方案不具有创造性。因此，在申请文件撰写中，应事先做好检索，找到最接近的对比文件。判断技术方案是否有创造性需要从两个方面来考虑：一是现有技术是否有技术启示或技术教导去从事申请文件中的技术研发，二是现有技术是否对研发结果有合理的成功预期。只有两个要件满足后，才能认定该技术方案不具备创造性的要求。同时，为了支持技术方案的创造性，申请文件中一定要有翔实的实验数据支撑。

四、物质的第二医药用途专利申请撰写注意事项

对于物质的第二医药用途申请专利，这类专利申请文件的权利要求又称为"瑞士型用途权利要求"，即覆盖某种已知的物质或化合物的第二种或之后的医学用途的权利要求。申请文件的题目多以"物质A在制备治疗疾病B的药物中的应用"的方式表述。对于这类申请文件，在说明书的撰写中，需要清楚地记载有证明该物质的第二用途的实验数据，这些实验数据不仅需要有体外细胞实验或动物模型实验，还需要有临床试验数据支撑，虽然不需要有非常翔实的临床数据，但要使本领域技术人员能够实施该用途发明，对该物质的第二医药用途具有成功的合理预期。

案例十六　植物新品种销售行为的认定和惩罚性赔偿的适用

——江苏亲耕田农业产业发展有限公司诉江苏省金地种业科技有限公司侵害植物新品种权纠纷上诉案

【案例问题】

《植物新品种保护条例》中明确规定了完成育种的单位或个人对其授权品种享有排他的独占权，未经许可，不得为商业目的生产或销售授权品种的繁殖材料，也不得为商业目的将授权品种的繁殖材料重复用于生产另一品种的繁殖材料。在植物新品种中，销售授权品种的繁殖材料包括许诺销售行为吗？侵犯植物新品种权，情节严重的，可以在确定数额的一倍以上三倍以下确定赔偿数额，适用惩罚性赔偿应该考量哪些因素呢？

【当事人】

上诉人（原审被告）：江苏亲耕田农业产业发展有限公司。

被上诉人（原审原告）：江苏省金地种业科技有限公司。

【基本案情】

2014年12月12日，天津市水稻研究所提出"金粳818"水稻植物新品种权申请，2018年11月8日获得授权，品种权号为CNA20141476.3，品种权人为天津市水稻研究所。2019年9月12日，天津市水稻研究所作为"金粳818"品种权人，授权江苏省金地种业科技有限公司（以下简称金地公司）对"金粳818"拥有独占实施许可权，授权范围包括但不限于自行生产经营、以自己名义独立进行维权、诉讼、获得赔偿的权利等。授权期限自"金粳818"植物新品种权申请之日起至该植物新品种权保护期终止之日止。

金地公司经调查发现，江苏亲耕田农业产业发展有限公司（以下简称亲耕田公司）未经许可，以"种植服务""订单农业对接会"以及在微信群内发布"农业产业链信息匹配"等方式，对外销售白皮袋包装的"金粳818"稻种。因此，金地公司于2020年4月8日向江苏省南京市中级人民法院（以下简称一审法院）提起诉讼，请求判令亲耕田公司停止侵害金地公司"金粳818"植物新品种权的行为；同时认为亲耕田公司的行为构成恶意侵权，应适用惩罚性赔偿。亲耕田公司辩称，其仅为会员农户提供零差价采集服务，不向非会员农户提供该服务；且仅为会员农户提供种子富余与缺少的信息匹配，不参与农户之间的种子销售。一审法院判定，亲耕田公司停止侵害金地公司"金粳818"植物新品种独占实施权的行为，并赔偿金地公司300万元。亲耕田公司不服，向最高人民法院（以下简称二审法院）提起上诉。

【法院判决】

一审法院认为，亲耕田公司实施了侵害金地公司涉案植物新品种权的行为，亲耕田公司通过提供种子供需信息匹配服务，对他人销售被诉侵权种子的行为实施了帮助。亲耕田公司提供种子供需信息匹配，并促成种子交易的行为违反了相关法律规定。因此，一审法院判决，亲耕田公司停止侵害金地公司"金粳818"植物新品种独占实施权的行为；同时适用惩罚性赔偿共计300万元。二审法院把亲耕田公司的行为认定为销售行为，并确认其行为侵害了涉案植物新品种。同时，二审法院认同了一审法院关于本案适用惩罚性赔偿的判决，但将赔偿金额调整为200万元，判令亲耕田公司承担共300万元的赔偿责任于法有据。

【案例评析】

本案是2021年中国法院十大知识产权案件之一，同时也入选了新时代推动法治进程2021年度十大案件和2021年最高人民法院"种业知识产权司法保护典型案件"。本案涉及对植物新品种繁殖材料的保护，由于侵权实施范围广、交易金额较大，引起了广泛的关注，同时也体现了我国对植物新品种权严格保护，促进农业科技创新的司法导向。

一、亲耕田公司实施了侵害金地公司涉案植物新品种权的行为

在本案中，被诉侵权种子系使用涉案"金粳818"植物新品种繁殖材料的种子。原告金地公司公证的证据证明，被诉侵权种子系作为种子而非商品粮进行销售，同时证明被诉侵权种子来源于案外人周树亮，被控侵权种子不是亲耕田公司直接销售，而是为会员农户种子供需关系提供信息匹配，对涉案种子交易的达成提供积极有效的帮助。那么亲耕田公司的行为是帮助他人销售被诉侵权种子的行为，还是可以认定为直接销售被诉侵权种子的行为呢？在这个问题上，一审法院和二审法院的观点不同。

一审法院认为，虽然有证据证明被诉侵权种子来源于周树亮，且周树亮销售了被诉侵权种子，但不足以证明被诉侵权种子是亲耕田公司直接销售的。亲耕田公司为会员农户的种子供需关系提供信息匹配等内容，从而为涉案种子交易的达成提供了积极有效的帮助，因此，一审法院认定亲耕田公司对他人销售被诉侵权种子的行为实施了帮助。而二审法院认为，一般而言，买卖双方就标的物买卖条件的意思表示达成一致，销售合同依法成立，则构成法律意义上的销售行为。同时，参考《最高人民法院关于审理侵害植物新品种权纠纷案件具体应用法律问题的若干规定（二）》第4条的规定，以广告、展陈等方式作出销售授权品种繁殖材料的意思表示的，人民法院可以以销售行为认定处理。也就是说，对于销售授权品种繁殖材料的，在销售合同成立前的广告、在橱窗中的展示等行为都可以认定为销售行为，至于销售者是否亲自实施标的物的交付和收款行为，不影响对其销售行为的认定。因此，二审法院认定亲耕田公司直接实施了被诉侵权种子的销售行为。

《植物新品种保护条例》第6条规定，完成育种的单位或者个人对其授权品种，享有排他的独占权。也就是说，任何单位或者个人未经品种权所有人的许可，不得为商业目的生产或者销售该授权品种的繁殖材料，不得为商业目的将该授权品种的繁殖材料重复使用于生产另一品种的繁殖材料；当然条例中另有规定的除外。

如何界定销售该授权品种的繁殖材料呢？《民法典》第595条规定，买卖合同是出卖人转移标的物的所有权于买受人，买受人支付价款的合同。可见，"销售"行为是买卖当事人之间进行的一种交易行为，即出卖人将标的物所有权转移给予买受人，而买受人将相应的价款支付给出卖人，实现这样的交易需要双方当事人达成某种合意或者协议，就是买卖合同。① 由此可见，销售行为一定会涉及标的物所有权的转移，出卖人将标的物所有权转移给买受人，买受人支付相应的对价。

《专利法》中明确规定了许诺销售，许诺销售是指通过在商店橱窗中陈列、在展会上展出、做广告宣传等方式作出的销售专利产品的意思表示的行为。在许诺销售行为中，买卖合同并没有成立，只是进行了为买卖合同成立的意思表示。虽然《植物新品种保护条例》中没有如同《专利法》中类似许诺销售的规定，但最高人民法院《关于审理侵害植物新品种权纠纷案件具体应用法律问题的若干规定（二）》中第4条规定，以广告、展陈等方式作出销售授权品种的繁殖材料的意思表示的，人民法院可以以销售行为认定处理。可见，对于植物新品种的保护，类似专利法中的许诺销售行为可以被视为销售行为。

本案中，能够证明被诉侵权种子来源于周树亮，且周树亮销售了被诉侵权种子。亲耕田公司为促成"金粳818"植物新品种繁殖材料种子的销售，为卖方和买方种子供需提供了信息匹配，对交易的达成发挥了重要的作用。亲耕田公司不仅发布了被诉种子的具体销售信息，还与金地公司取证人员协商确定种子买卖的包装方式、价款、数量、履行期限等交易要素。在微信群中，亲耕田公司也发布了被诉种子的具体销售信息，为买卖合同的达成发挥了重要的作用。虽然亲耕田公司并不是"金粳818"植物新品种繁殖材料种子的所有权人，但亲耕田公司的行为是不是属于许诺销售呢？许诺销售行为的主体是否一定是所有权人呢？

许诺销售与销售行为有很大的关联，根据《民法典》的规定，买卖合同是出卖人转移标的物的所有权于买受人，买受人支付价款的合同。销售行为一定是出卖人将标的物所有权转移给买受人。根据最高人民法院的司法解释，

---

① 参见尹新天：《专利法详解》，知识产权出版社2011年版，第103页。

许诺销售是指以做广告、在商店橱窗中陈列或者在展销会上展出等方式作出销售商品的意思表示。① 许诺销售是为了销售合同的成立。如果发布广告、在商店橱窗中陈列或者展销会上展出者，对广告或者陈列或者展出的产品享有所有权，许诺销售行为是买卖合同订立前的邀约行为。如果发布广告、在商店橱窗中陈列或者展销会上展出者，实际对广告或者陈列或者展出的产品没有所有权，这种行为是否依旧属于许诺销售行为？许诺销售与销售是两个并列的行为，销售行为一定是出卖人将标的物所有权转移给买受人，而许诺销售是为了达成销售目的，在实际销售之前以广告、展陈等方式作出销售产品的意思表示，是对销售权侵害的提前防止。即使销售者在签订买卖合同时不具有该买卖合同标的物的所有权，该行为属于无权处分，合同可能无效，但该行为依旧属于销售行为。回顾许诺销售的概念，我国《专利法》在2000年第二次修改后，在第11条中明确规定了许诺销售。2001年6月颁布的《最高人民法院关于审理专利纠纷案件适用法律问题的若干规定》对许诺销售的定义为"以做广告、在商店橱窗中陈列或者在展销会上展出等方式作出销售专利产品的意思表示"。经过2015年和2020年最高人民法院两次对《规定》的修改，仅仅关于许诺销售条文的顺序做了相应的变化，许诺销售的定义没有发生任何改变，最新的《最高人民法院关于审理专利纠纷案件适用法律问题的若干规定》（法释〔2020〕19号）第18条规定，许诺销售是指为"以做广告、在商店橱窗中陈列或者在展销会上展出等方式作出销售商品的意思表示"。从最高人民法院对于许诺销售的定义来看，并没有关注发布广告者、或者展示者、陈列者是否对展示的产品享有所有权，只要有以做广告、在商店橱窗中陈列或者在展销会上展出等方式作出销售商品的意思表示，就是许诺销售行为。规定许诺销售的目的是提前防止侵权产品的扩散，防止后续销售合同的签订和交易行为的发生。销售行为的确立并不依赖于销售者是否对标的物享有所有权，同理，许诺销售行为的确立也不依赖于许诺销售者对许诺销售的标的物是否具有所有权。

本案中，亲耕田公司不仅在微信群中发布了被诉种子销售的具体信息，

---

① 参见《最高人民法院关于审理专利纠纷案件适用法律问题的若干规定》第24条。

还与金地公司取证人员协商确定了种子买卖的包装方式、价款、数量、履行期限等交易要素，作出了销售授权品种的繁殖材料的意思表示。按照《最高人民法院关于审理侵害植物新品种权纠纷案件具体应用法律问题的若干规定（二）》中第4条的规定，以广告、展陈等方式作出销售授权品种的繁殖材料的意思表示的，人民法院可以以销售行为认定处理。因此，二审法院将亲耕田公司销售授权品种的繁殖材料的意思表示认定为销售行为。虽然《植物新品种保护条例》没有规定植物新品种权利人享有对授权品种繁殖材料的许诺销售权，但在司法实践中，已经把许诺销售行为也纳入了销售行为，加强了对植物新品种权利人的保护。

二、亲耕田公司提供种子供需信息匹配促成种子交易的行为不属于农民个人自繁自用

《种子法》第37条规定，农民个人自繁自用的常规种子有剩余的，可以在当地集贸市场上出售、串换，不需要办理种子生产经营许可证。按照《农作物种子生产经营许可管理办法》第21条的规定，农民个人自繁自用常规种子有剩余，在当地集贸市场上出售、串换的，不需要办理种子生产经营许可证，这里的"农民"是指以家庭联产承包责任制的形式签订农村土地承包合同的农民；所称"当地集贸市场"是指农民所在的乡（镇）区域。农民个人出售、串换的种子数量不应超过其家庭联产承包土地的年度用种量。违反本款规定出售、串换种子的，视为无证生产经营种子。

《种子法》第29条和《植物新品种保护条例》第10条规定了农民自繁自用授权品种的繁殖材料，可以不经植物新品种权所有人许可，不向其支付使用费，但不得侵犯植物新品种权所有人依照本法、有关法律、行政法规享有的其他权利。同时《最高人民法院关于审理侵害植物新品种权纠纷案件具体应用法律问题的若干规定（二）》第12条进一步明确了农民在其家庭农村土地承包经营合同约定的土地范围内自繁自用授权品种的繁殖材料，权利人对此主张构成侵权的，人民法院不予支持。对前款规定以外的行为，被诉侵权人主张其行为属于种子法规定的农民自繁自用授权品种的繁殖材料的，人民法院应当综合考虑被诉侵权行为的目的、规模、是否营利等因素予以认定。可见，农民在其家庭农村土地承包经营合同约定的土地范围内自繁自用授权品种的繁殖材料，可以不经过植物新品种权利人的许可，是不侵权的行为。构成要件是行为主体一定是农民，且行为限定在其家庭农村土地承包经营合同约定的土地范围内自繁自用授权品种的繁殖材料。本案中，亲耕田公司是一家经营范围包括农业项目开发、农机收割、农副产品、农机具、不再分装的包装种子、农药、肥料销售，自营和代理各类商品和技术进出口等业务内容的有限责任公司，其为会员农户的种子供需提供信息匹配服务，为涉案种子交易达成提供积极有效的帮助，但亲耕田公司并不是对授权品种的繁殖材料进行自繁自用的农民。此外，本案中被诉"金粳818"侵权种子数量高达10 000斤，明显超出了一般"农民"家庭联产承包土地自繁自用的用种数量。根据《种子法》和《农作物种子生产经营许可管理办法》的相关规定，农民个人自繁自用常规种子有剩余，可以在当地集贸市场上出售、串换的，不需要办理种子生产经营许可证。这里农民个人出售、串换的种子数量不应超过其家庭联产承包土地的年度用种量。违反此规定出售、串换种子的，视为无证生产经营种子。本案中，亲耕田公司通过商务电子平台组织交易，不属于在当地集贸市场上的销售行为，不满足自繁自用的相关规定。

三、亲耕田公司的侵权行为适用惩罚性赔偿

《民法典》第1185条规定，故意侵害他人知识产权，情节严重的，被侵权人有权请求相应的惩罚性赔偿。《种子法》第72条规定，侵犯植物新品种权的赔偿数额按照权利人因被侵权所受到的实际损失确定；实际损失难以确定的，可以按照侵权人因侵权所获得的利益确定。权利人的损失或者侵权人获得的利益难以确定的，可以参照该植物新品种权许可使用费的倍数合理确定。赔偿数额应当包括权利人为制止侵权行为所支付的合理开支。侵犯植物新品种权，情节严重的，可以在按照上述方法确定数额的一倍以上五倍以下确定赔偿数额。权利人的损失、侵权人获得的利益和植物新品种权许可使用费均难以确定的，人民法院可以根据植物新品种权的类型、侵权行为的性质和情节等因素，确定给予五百万元以下的赔偿。

惩罚性赔偿是指损害赔偿中，超过被侵权人实际损失范围的额外赔偿，即在赔偿了实际损失之后，再增加一定数额或一定倍数的赔偿金。惩罚性赔偿的引入提高了侵权人的侵权成本，有利于从根本上解决侵权成本低，维权

成本过高等问题，① 同时可以更好的发挥法律的教育和指引作用。惩罚性赔偿规则的关键要素在于两点：一是行为人的主观要件，二是行为人造成的损害后果。② 按照法律规定，侵犯植物新品种权情节严重的可适用惩罚性赔偿，对于认定情节是否严重，需要综合考量侵权人的主观恶意、侵权手段、次数、侵权行为的持续时间、地域范围、规模、后果，侵权人在诉讼中的行为等因素综合考量。

本案中，亲耕田公司明知销售的种子是侵犯授权品种的种子，仍然在微信平台中发布供需信息，提供信息匹配服务。同时，亲耕田公司在种子包装中采用白皮袋包装，没有标注任何信息，部分包装用其他商品粮的名称标注，显示了其试图掩盖侵权行为和逃避责任追究的意图，存在着主观侵权的恶意。亲耕田公司的经营模式以种植大户为主要服务对象，种植大户在农民家庭联产承包合同之外的经营面积不属于农民自繁自用种子的范畴，需要从品种权人购入种子，支付报酬。亲耕田公司宣传称，其服务 200 多万亩耕地，辐射江苏、山东、河南、安徽 4600 多大户，可以认定侵权范围广、规模大。

最高人民法院发布《最高人民法院关于审理侵害植物新品种权纠纷案件具体应用法律问题的若干规定（二）》中第 17 条中规定，以无标识、标签的包装销售授权品种，或者违反《种子法》第 77 条第 1 款第 1 项的规定，未取得种子生产经营许可证生产经营种子的，都可以认定为侵权行为情节严重，本案中亲耕田公司的行为被认定为销售行为，而亲耕田公司也当庭确认其并没有取得种子生产经营许可证，同时又销售了包装无标识的种子，足以认定亲耕田公司侵权情节严重。因此，亲耕田公司的侵权行为适用惩罚性赔偿。

根据《最高人民法院关于审理侵害知识产权民事案件适用惩罚性赔偿的解释》第 5 条的规定，人民法院确定惩罚性赔偿数额时，以原告实际损失数额、被告违法所得数额或因侵权所获得的利益作为计算基数。人民法院依法责令被告提供其掌握的与侵权行为相关的账簿、资料，被告无正当理由不提

---

① 参见戚笑雨、蔡雨溪：《论著作权惩罚性赔偿的适用》，载《河南司法警官职业学院学报》2022 年第 3 期。

② 参见张红、王翼峰：《我国惩罚性赔偿制度的一般规则之建构》，载《安徽大学学报（哲学社会科学版）》2022 年第 5 期。

供或提供虚假账簿、资料的，人民法院可以参考原告的主张和证据确定惩罚性赔偿数额的计算基数。本案中，金地公司没有提供因亲耕田公司的侵权行为而实际受到的损失，也没有提供"金粳818"植物新品种权的许可使用费。同时法院也没有亲耕田公司因侵权行为实际获利的证据，法院从宽计算涉案新品种"金粳818"在亲耕田公司所售种子的比例，侵权获利达到100万元以上。亲耕田公司没有取得种子生产经营许可证，同时以无标识、标签的包装销售授权品种，属于侵权情节严重，法院适用惩罚性赔偿，按照计算基数的二倍确定惩罚性赔偿数额，惩罚性赔偿金额200万元，因此，判令亲耕田公司承担300万元的赔偿责任。

【案例启示】

一、对于经营业务中有销售种子的公司，一定要有相对应的营业许可证

我国《种子法》第33条规定，除本法另有规定外，禁止任何单位和个人无种子生产经营许可证或者违法种子生产经营许可证的规定生产、经营种子，禁止伪造、变造、买卖、租赁种子生产经营许可证。同时按照《种子法》第76条的规定，未取得种子生产经营许可证生产经营种子的，由县级以上人民政府农业、林业主管部门责令改正，没收违法所得和种子；违法生产经营的货值金额不足一万元的，并处三千元以上三万元以下罚款；货值金额一万元以上的，并处货值金额三倍以上五倍以下罚款，同时可以吊销种子生产经营许可证。在最高人民法院《关于审理侵害植物新品种权纠纷案件具体应用法律问题的若干规定（二）》第17条中规定，以无标识、标签的包装销售授权品种；未取得种子生产经营许可证生产经营种子的，这些情节可以认定为侵权行为情节严重。同时，按照《民法典》的规定，故意侵害他人知识产权，情节严重的，被侵权人有权请求相应的惩罚性赔偿。可见，对于种子的生产经营，一定要取得种子生产经营许可证。对于销售的是受植物新品种权保护的种子，更需要有合法的经营许可证，还需要获得植物新品种权利人的许可。

二、正确理解《植物新品种保护条例》中的自繁自用

《植物新品种保护条例》第10条规定，农民自繁自用授权品种的繁殖材料,可以不经过品种权人许可,不向其支付使用费。对于获得植物新品种保护的授权品种的种子,农民自繁自用,可以不经过品种权人许可,不向其支付使用费。如何理解"自繁自用"呢?

《种子法》第 37 条规定,农民个人自繁自用的常规种子有剩余的,可以在当地集贸市场上出售、串换,不需要办理种子生产经营许可证。最高人民法院在《关于审理侵害植物新品种权纠纷案件具体应用法律若干问题的规定(二)》中第 12 条规定,农民在其家庭农村土地承包经营合同约定的土地范围内自繁自用授权品种的繁殖材料,权利人对此主张构成侵权的,人民法院不予支持。对前款规定以外的行为,被诉侵权人主张其行为属于《种子法》规定的农民自繁自用授权品种的繁殖材料的,人民法院应当综合考虑被诉侵权行为的目的、规模、是否营利等因素予以认定。

对于"自繁自用"而言,首先,对于授权品种的繁殖材料,譬如种子,自繁自用的主体是农民,而非种子经营公司等其他主体。其次,农民自繁自用授权品种的繁殖材料,这里的自繁自用的行为是在家庭农村土地承包经营合同约定的土地范围内自繁自用授权品种的繁殖材料。如果农民个人自繁自用的常规种子有剩余的,可以在当地集贸市场上出售、串换,不需要办理种子生产经营许可证。交易的地域范围仅仅是当地集贸市场上的交易,并不包括商务电子平台的交易;交易的数量范围也仅仅是农民在其家庭农村土地承包经营合同约定的土地范围内剩余的种子。虽然在《植物新品种保护条例》第 10 条规定,农民自繁自用授权品种的繁殖材料不视为侵犯植物新品种权利的行为,但是需要在一定的范围内,并且不得侵犯品种权人依照《植物新品种条例》所获得的其他权利。

三、公司在对外宣传中应按照诚实信用,不可盲目的夸大事实

人民法院确定赔偿数额或者惩罚性赔偿数额时,会依照原告实际损失数额、被告违法所得数额或者因侵权所获得的利益作为计算的依据。实际案件中原告往往难以精准地提供实际损失的数额证据,被告也往往拒绝提供其掌握的与侵权行为相关的账簿、资料,此时人民法院可以参考原告的主张和证据确定赔偿数额,或者惩罚性赔偿数额的计算基数。对于植物新品种权侵权情节严重的认定,人民法院会对侵权人的主观恶意、侵权手段、次数,侵权

行为的持续时间、地域范围、规模、后果，侵权人在诉讼中的行为等多因素综合考虑。

本案中，依据亲耕田公司的对外宣传，称其服务200多万亩耕地，辐射江苏、山东、河南、安徽的4600多大户，从而认定为侵权范围广、规模大。建议经营主体在在对外宣传中提高诚信意识和诚信素质，遵循诚实信用原则，实事求是，避免做不真实的夸大宣传。一方面诚实经营，另一方面避免一旦涉及侵权诉讼，造成被动的局面。

案例十七　药品集采挂网是否构成许诺销售行为

——勃林格殷格翰制药两合公司诉宜昌东阳光长江药业股份
　　有限公司专利侵权纠纷案

【案例问题】

2021年国务院办公厅发布了《国务院办公厅关于推动药品集中带量采购工作常态化制度化开展的意见》，进一步明确了所有公立医疗机构（含军队医疗机构）均应参加药品集中带量采购。药品集采挂网是药品生产企业通过药品集中采购平台参与集中采购的必要行为，那么药品集采挂网的相关行为是否构成许诺销售呢？

【当事人】

请求人：勃林格殷格翰制药两合公司。

被请求人：广东东阳光药业有限公司。

【基本案情】

请求人勃林格殷格翰制药两合公司向国家知识产权局提出专利侵权纠纷行政裁决请求，指控宜昌东阳光长江药业股份有限公司（以下简称东阳光药业）侵犯其专利权。本案涉及的中国发明专利为ZL201510299950.3，发明名称为"8-［3-氨基-哌啶-1-基］-黄嘌呤化合物，其制备方法及作为药物制剂的用途"。涉案专利于2017年11月7日授权公告，目前处于受法律保护的有效状态。

请求人是涉案专利的专利权人，涉案专利的权利要求1、2、5、6保护的化合物包括中文通用名称为利格列汀的化合物，权利要求 9 保护含有利格列汀或其盐的组合物，权利要求 20、25、26、28、41-43 保护利格列汀或其盐在制备用于治疗 DPP-IV 有关病症（如 2 型糖尿病）组合物的用途。被请求人的关联公司于 2018 年 7 月 4 日向国家药品监督管理局申请仿制药利格列汀片的上市许可，上市申请于 2020 年 7 月 8 日获批，批准文号为国药准字 H20203294。根据核准的药品说明书，东阳光药业是被控侵权产品的生产企业。2021 年 2 月，东阳光药业在包括上海、广东、江西、海南、甘肃、陕西、河南、福建以及山东等省（区、市）的药品采购平台挂网公示被控侵权产品，并于 2021 年 4 月向上海、广东和江西的医疗机构开始销售被控侵权产品。请求人认为被请求人东阳光药业实施了制造、销售和许诺销售被控侵权产品的行为。而被请求人认为，在各地药品采购平台挂网被控侵权产品的行为属于《专利法》规定的侵权例外行为，不构成许诺销售。

【法院判决】

涉案专利权利要求 1 是用马库什权利要求概括的。根据涉案专利说明书的记载，分子哌啶上的 3 号碳原子与四个各不相同的原子或集团相连，为手性碳原子，其可具有对映异构体。因此，该通式中，当取代基 R1 被甲基喹唑啉基取代的甲基，R1 为甲基，R3 为 2-丁炔-1-基，哌啶上的 3 号碳原子为 R 构型时，所表示的化合物就是利格列汀。因此，被控侵权产品的主要成分利格列汀落入涉案专利权利要求 1、2、5、6 的保护范围。

权利要求 9 保护一种药物组合物，其含有权利要求 1-7 中任一项化合物，或权利要求 8 的生理上可接受的盐，任选还含有一种或多种惰性载体。鉴于被控侵权产品主要成分的利格列汀的片剂，通常为由活性成分和辅料组成药物组合物，而被控侵权产品的活性成分利格列汀已经落入权利要求 1、2、5、6 的保护范围，惰性载体是与活性成分不发生反应的介质，药物制成片剂必然会使用惰性载体等辅料物质。因此，被控侵权产品包含了权利要求 9 引用权利要求 1、2、5、6 技术方案的全部技术特征，落入涉案专利权利要求 9 引用权利要求 1、2、5、6 技术方案的保护范围。同时，合议组认为，被控侵权产品落入权利要求 20 的技术方案，权利要求 25、26 和 28 引用权利要求 20 的技术方案，权利要求 41 引用权利要求 20 的技术方案，权利要求 42 引用权利要求 20 和 41 的技术方案，以及权利要求 43 引用权利要求 20、41 和 42 的技术方案的保护范围。

合议组认为，被请求人具有向药品集中采购平台所在省（区、市）的医疗机构销售被控侵权产品的明确意思表示，甚至在上海、广东、江西等地已经实施销售行为。据此，被请求人实施了许诺销售被控侵权产品的行为。《专利法》第 75 条第 5 项规定，明确列举允许是制造、使用、进口，不包括许诺销售行为。此外，提供行政审批所需要的信息是指按照我国药品和医疗器械上市审批制度所必须提供的用以证明药品或医疗器械产品符合安全性、有效性等的实验资料和数据。在本案中，被请求人已经完成药品上市的行政审批。药品挂网审核的重要内容是药品供应价格，审核部门力求以合理价格采购药品，降低患者的经济成本，为公众提供更为优质的医疗保障，其中对药品安全性、有效性等方面的认定均以已有审批结果为依据，不以额外实验资料和数据为必要条件。因此，被请求人药品挂网相关行为不属于《专利法》第 75 条第 5 项规定的侵权例外情形。

【案例评析】

2021 年 6 月 1 日国家知识产权局颁布的《重大专利侵权纠纷行政裁决办法》，标志着我国在重大专利侵权纠纷行政裁决方面制度的日趋完善。本案涉及 2 型糖尿病治疗领域的重磅药物利格列汀的首个仿制药，也是国家知识产权局颁布《重大专利侵权纠纷行政裁决办法》施行以来的首例全国重大专利侵权纠纷行政裁决。该行政裁决案不仅影响了利格列汀仿制药的市场格局，也对药品集采挂网是否构成许诺销售的判断产生了影响。

一、药品集采挂网

1993 年之前，国内公立医疗机构均为医院独立采购药品。为了降低药品的价格，降低患者用药负担，提高药品可及性，1999 年 8 月，原国务院体改办在《关于药品集中招标采购问题的情况汇报》中，第一次提出了药品集中招标采购的概念。2001 年《医疗机构药品集中采购工作规范（试行）》和《医疗机构药品集中招标采购和集中议价采购文件范本（试行）》正式发布实施，标志着药品集中招标采购在全国县级以上公立医疗机构正式全面推开。但这一阶段的药品集中招标采购主要是以地市级为平台展开，在招投标过程中也出现了一些问题和争议。① 之后，在国内的一些省市进行试点。2018年3月，国家医疗保障局成立，主要职能之一就是负责指导药品集中采购规则制定和集采平台建立。2019年1月，国务院办公厅印发《国家组织药品集中采购和使用试点方案》，"4+7"带量采购试点正式启动。同年9月，国家组织药品集中采购和使用试点范围进一步扩大。2021年国务院办公厅出台了《国务院办公厅关于推动药品集中带量采购工作常态化制度化开展的意见》，加快形成全国统一开放的药品集中采购市场。

通过梳理我国药品集中采购的发展过程，可以看出，药品挂网是与药品集中招标采购密切相关，随着互联网的发展，集中招标采购开始向集中挂网采购转型，药品挂网也相应而出。各省市自主创新并不断完善药品集中采购模式、体系和规则，目前，各省级药品集中采购平台多采用"挂网采购"模式，② 这一行为的出现是由于政策导向下而产生的。

药品挂网没有统一的概念，一般是指药品在集中采购过程中的一系列行为。程永顺（2022年）指出，药品挂网是指药企通过各地药品采购网络信息平台，在采购办公室制定的限价范围内进行报价，按价格由低至高确定入围药品品种，企业再通过采购信息平台与医院签订供货合同。③ 许波（2021年）指出，广义的药品挂网通常包括国家集采挂网、地方集采挂网、集中挂网采购以及其他形式的挂网，而且往往涉及繁多的流程环节。以地方集采为例，其主要流程环节包括资质申报、审核公示、报价投标、中标、采购、配送等，最终才能销售到医院。④

---

① 参见许波：《区分不同情形　平衡各方利益——浅析药品挂网是否构成许诺销售的判定依据（上）》，载《中国医药报》2021年1月25日，第003版。
② 参见曹凯、钱佩佩、刘伟等：《国家基本药物目录（2018年版）收载药品（西药部分）在河南省医药采购平台的挂网情况分析》，载《中国现代应用药学》2020年第19期。
③ 参见程永顺、吴莉娟：《仿制药挂网应规避许诺销售侵权风险——从全国首批重大专利侵权纠纷行政裁决案件谈起》，载《中国医药报》2022年8月22日，第003版。
④ 参见许波：《区分不同情形　平衡各方利益——浅析药品挂网是否构成许诺销售的判定依据（上）》，载《中国医药报》2021年1月25日，第003版。

药品集采挂网是一个过程，包括：首先，企业进行资质申报。其次，资质申报合格后，进行网上审核公示。再次，企业需按照所有产品报价均要求低于或等于限价的要求进行报价投标，高价者淘汰，低价者按价格由低到高确定入围药品品种，对入围的品种进行网上公示，受理来自不同企业的申诉异议，主管部门下设的药品采购平台根据申诉异议的结果，决定可以进入集采的药品名录，将相应的药品名称、规格等信息网上公布，即药品挂网采购。最后，再由生产企业与医院进行议价协商，通过信息平台与医院签订供货合同。

二、药品集采挂网过程中不同行为的区分

2015年国务院办公厅发布了《国务院办公厅关于完善公立医院药品集中采购工作的指导意见》，进一步明确了以省（区、市）为单位的网上药品集中采购方向，公立医院使用的除中药饮片之外的所有药品，均应通过省级药品集中采购平台采购。2021年《国务院办公厅关于推动药品集中带量采购工作常态化制度化开展的意见》的发布，推动了药品集中带量采购工作的常态化制度化，进一步明确了所有公立医疗机构（含军队医疗机构）均应参加药品集中带量采购。可见，药品集采是药品生产企业把药品销售到公立医院的必要行为。

药品集采挂网是具有我国特色的药品采购过程，需要由各省市医疗保障局、药品生产经营企业和医疗机构多主体共同参与才能完成，是政策导向下而产生的，具有政策性和行政性。药品集采包括多个法律行为，不是一个单独的法律行为，根据具体行为内容不同，可以把药品集采挂网整个过程分成四个阶段，即药企材料申报—平台资料审核—挂网公示申诉（异议）—药品挂网采购四个阶段。第一阶段，药企材料申报阶段，行为主体是药品生产经营企业，是指药企按照行政机关的要求递交企业资质和申报药品的相关材料，是启动行政程序的一个环节。第二阶段，平台资料审核阶段，该阶段的行为主体是相应的行政机关的分设机构，各省市医疗保障局设立的药品采购平台对药企递交的相关材料进行审核，公示审核结果，接受企业的申诉。第三阶段，挂网公示申诉（异议）阶段，该阶段的行为主体是相应的行政机关的分设机构，即各省市医疗保障局设立的药品采购平台组织药品评价和遴选，确定入围企业及其产品，同时将集中采购结果报药品集中采购工作管理机构审核,之后对药品集中采购结果进行公示,受理企业异议。第四阶段,药品挂网采购阶段,各省(市)医疗保障局设立的药品采购平台最后决定可以进入集采的药品名录,将相应的药品名称、规格等信息上网,医疗机构按照实际需求开始采购活动。只有经过前三个阶段,进入第四阶段,药品挂网采购阶段,即药企获得挂网销售的资格后,才能作出销售相关药品产品的意思表示,之后医疗机构根据实际需求确认品种和数量等开始采购活动。可见,药品集采挂网包括行政行为和民事行为,不是一个单独的法律行为。

三、药品集采挂网过程与许诺销售

我国《专利法》第二次修改后,增加了许诺销售,但没有明确给出许诺销售的概念。2017年北京市高级人民法院发布的《专利侵权判定指南》中第107条规定:"在销售侵犯他人专利权的产品行为实际发生前,被诉侵权人作出销售侵犯他人专利权产品意思表示的,构成许诺销售。以做广告、在商店橱窗中陈列、在网络或者在展销会上展出等方式作出销售侵犯他人专利权产品的意思表示的,可以认定为许诺销售。"2019年国家知识产权局发布的《专利侵权纠纷行政裁决办案指南》中明确了许诺销售包括《合同法》上的邀约,也包括了《合同法》上的邀约邀请。以做广告、在商店橱窗中陈列、在网络或者在展销会上展出、寄送供试用的侵权产品等方式作出销售侵犯他人专利权产品的意思表示的,可以认定为许诺销售。许诺销售的方式还可以是口头、电话、传真等。《最高人民法院关于审理专利纠纷案件适用法律问题的若干规定》(法释〔2020〕19号)中,将许诺销售界定为"以做广告、在商店橱窗中陈列或者在展销会上展出等方式作出销售商品的意思表示"。可见,对于许诺销售,随着技术的发展,许诺销售的行为表现形式可能多样,但本质是需要作出销售商品的意思表示。

药品集采挂网是否属于许诺销售行为,应该根据不同的行为阶段来区别分析。第一阶段,药企材料申报阶段,行为主体是药企,药企发出想要参加药品采购招标的意思表示,向相应的行政机关提交满足要求的材料,一旦成功上传材料,行政机关接受相对人的申请,药企便成为行政管理法律关系中与行政主体相对应的行政相对人,该行为目的是希望相应的药品可以经过行政许可,进入药品集中采购流程,是启动行政程序的一个环节,是行政相对人引起行政法律关系产生的一个阶段，而不是《专利法》所调整的平等民事主体之间的法律关系。第二阶段，平台资料审核阶段，行为主体是各省市医疗保障局的下设单位药品集中采购平台，虽然是下设机构，但代表相应行政主体的意志，属于行政行为。第三阶段，挂网公示申诉（异议）阶段，被申诉的对象是参加集采的药品，有异议的药企向各省市的医疗保障局设立的药品集中采购平台提出申诉，药品集中采购平台核查相关异议内容，最后决定是否将相应的药品进行挂网销售，该行为是行政程序中的一个环节，行为主体为相应行政机关的下设机构药品集中采购平台。药品通过集中采购平台的审批获得挂网的资格后，即进入第四阶段，药品挂网采购阶段，平台将准许参加集采的药品相关信息在网上公布，此时，相应的药品才有机会进入集中采购的行列，药企才能通过药品集中采购平台作出销售药品的意思表示。通过分析可见，前三个阶段的行为主体是相应的行政机关，即医疗保障局的下设机构药品集中采购平台，属于行政行为，不是《专利法》所调整的范畴。只有进入第四阶段，药品挂网采购阶段，才有可能引起医疗机构与药企相应法律关系的产生，该行为才属于我国《专利法》中规定的许诺销售行为，如果销售药品的技术方案在药品专利的权利要求保护范围内，没有经过专利权人的许可，同时也没有法律的其他规定，才是一种侵犯专利权的行为，侵犯了专利权人的许诺销售权。

本案中，被控侵权人东阳光药业在上海阳光医药采购网发布的《关于公布2021年第二批通过仿制药质量和疗效一致性评价品种挂网采购的通知》中，附件含有被控侵权产品信息。该公司在广东、江西、海南等多个省（区、市）的药品采购平台挂网公示被控侵权产品，并在中标后通过网站公布了药品价格，向相应的医疗机构作出销售该药品的意思表示，构成要约邀请，属于许诺销售的行为。同时在本案中，被控侵权产品在福建、山东、海南、甘肃等省市省（区、市）相关官方网站至少被公示挂网，并没有进入第四阶段，前三个阶段的行为并不构成许诺销售行为。因此，笔者并不完全赞同该行政裁决的观点，应该将药品集采挂网的过程进行区分，根据不同的行为性质来具体判断。

药品集采具有一定的行政性，涉及很多环节。药品挂网采购是许诺销售行为，但药品挂网采购仅仅是药品集采的一个阶段，仿制药企参加药品集采，需经历资质申报、审核通过后网站公告、药品报价投标等多个环节。如果对药品挂网集采过程不加以行为的具体区分，将所有前期环节都视为许诺销售行为，会产生如何的后果呢？

首先，从法理层面来说，破坏了许诺销售的法律概念，没有按照许诺销售的概念对法律行为进行定性。专利权属于绝对权，除权利人之外的一切人均为义务人，因此其权利范围和权利内容需要明确告知社会公众。也就是说，专利权的保护范围即权利要求书的范围需要清晰确定，专利权人的权利内容需要明确。许诺销售作为专利权人的权利内容之一，其概念和内容法定不能随意扩大或缩小解释，否则将会破坏许诺销售的概念本身。

其次，从实践层面上，在一定程度上变相延长药品专利的保护期限。药品专利有保护期限，保护期限届满后，专利权终止。若仿制药企在药品专利权到期后才可以进行资质申报、报价投标、入围挂网，则从资质申报到成功挂网之间有时间区段，不同省市时间区段也不同，但从某种程度上讲，依旧可能会变相延长药品专利保护的期限。

最后，影响仿制药的挂网，进而影响药品可及性。仿制药企参与集采，需进行资质申报、报价投标，并等待挂网。只有成功挂网后，才能对相应区域的医疗机构进行许诺销售。如果不能成功入围，需要等待下次机会。仿制药企只有等待专利到期后，才开始进行药品挂网集采相关的工作，从集采挂网开始的材料申报到可以进入集采需要时间，如果药品集采挂网不根据具体行为内容进行区分，简单粗暴地统一认定，将会导致仿制药挂网延迟，影响上市，进而影响仿制药的市场生命周期和药品可及性。因此，对药品挂网相关行为的界定，需要结合我国的具体国情，根据具体的行为事实进行法律论证分析，区分不同情形作出认定，以实现各方利益有效的平衡。

【案例启示】

为了保护药品专利权人合法权益，鼓励新药研究和促进高水平仿制药发展，我国2021年新修改的《专利法》建立了药品专利纠纷早期解决机制和药品专利期限延长制度，对于新药知识产权保护力度逐渐加强。仿制药企在药品上市审评审批中,针对药物活性成分化合物专利、含活性成分的药物组合物专利、医药用途专利需要提交四类声明:一类声明是在中国上市药品专利信息登记平台中没有相应的药品专利,二类声明是相关药品专利到期或获得了原研药企的许可,三类声明是仿制药企承诺等专利到期后再生产上市,四类声明是中国上市药品专利信息登记平台收录的相关专利应该被无效或仿制药企认为仿制药不在专利药品的保护范围内。当仿制药企提出了第四类声明,一般原研药企和仿制药企则进入药品专利纠纷早期解决机制的流程,引发9个月的等待期。

药品专利纠纷早期解决机制的目的是保护药品专利权人合法权益,降低仿制药上市后面临的专利侵权风险。虽有效地降低了仿制药上市后专利侵权的风险,但仍然存在专利侵权纠纷的可能,在药品集采挂网时,仿制药企业应充分评估仿制药的技术方案是否落入有效药品专利的保护范围内,特别是对于没有在中国上市药品专利信息登记平台中收录的相关药品专利,如药物晶型专利、制剂专利等。提前做好相关药品专利的风险评估,对于风险等级比较高的专利,在挂网前采取专利无效策略或取得专利权人的许可等,将药品集采挂网的专利侵权风险降至最低。

案例十八　非新产品方法专利侵权诉讼举证责任分配
——莱阳市恒基生物制品经营有限公司、山东归源生物科技有限公司等侵害发明专利权纠纷民事二审案

【案例问题】

对于非新产品方法发明专利侵权纠纷中的举证责任，按照我国《民事诉讼法》中规定的一般原则"谁主张，谁举证"，需要由原告来承担相应的举证责任。由于产品的制造方法往往只在产品的制造过程中体现，原告一般无法到被告的生产厂房中获得被告生产方法的证据，因此难以提供被诉侵权人使用了涉案专利保护的生产方法的证据。那么在司法实践中，非新产品方法专利侵权诉讼中举证责任如何分配呢？

【当事人】

上诉人（原审被告）：莱阳市恒基生物制品经营有限公司。

上诉人（原审被告）：山东归源生物科技有限公司。

被上诉人（原审原告）：上海凯赛生物技术股份有限公司。

被上诉人（原审原告）：凯赛（金乡）生物材料有限公司。

原审被告：山东瀚霖生物技术有限公司。

【基本案情】

2010年4月30日，山东瀚霖生物技术有限公司（以下简称瀚霖公司）向国家知识产权局申请涉案专利，申请号为201010160266.4，发明名称为

"生物发酵法生产长碳链二元酸的精制工艺"。2016年8月31日,专利申请人变更为山东凯赛生物科技材料有限公司及上海凯赛生物技术股份有限公司(以下简称上海凯赛公司),2016年9月29日,专利申请人变更为上海凯赛公司,涉案专利于2016年11月9日获得授权,现处有效期内。2016年12月16日,上海凯赛公司授权凯赛(金乡)生物材料有限公司(以下简称凯赛金乡公司)免费使用涉案专利,使用形式为普通实施许可,期限十年。

上海凯赛公司系涉案专利的专利权人,凯赛金乡公司经上海凯赛公司许可,为涉案专利的普通被许可人,有权与上海凯赛公司共同提起针对莱阳市恒基生物制品经营有限公司(以下简称恒基公司)、山东归源生物科技有限公司(以下简称归源公司)、山东瀚霖生物技术有限公司(以下简称瀚霖公司)提起专利侵权诉讼。上海凯赛公司和凯赛金乡公司认为,瀚霖公司的长碳链二元酸项目使用了与涉案专利相同的工艺。瀚霖公司明知其生产线实际使用的工艺与涉案专利的技术方案相同,但仍然将该生产线以极低价格租赁给恒基公司,恒基公司接手经营瀚霖公司的侵权生产线后,相关生产工艺并未发生改变,仍然使用与瀚霖公司完全相同的工艺,并对外许诺销售、销售使用涉案专利技术方案获得的长碳链二元酸产品,侵害了上海凯赛公司的涉案专利。在实施了上述侵权行为的基础上,恒基公司将瀚霖公司侵权生产线的租赁权、管理权转移给了归源公司,由归源公司负责使用涉案专利生产、销售侵权的长碳链二元酸产品,因此恒基公司、归源公司、瀚霖公司的行为共同构成对上海凯赛公司涉案专利权的侵害,故向山东省青岛市中级人民法院(以下简称一审法院)起诉,请求法院判定三个被告停止侵权,赔偿损失。一审法院支持了原告的诉讼请求,恒基公司和归源公司不服一审判决,向最高人民法院(以下简称二审法院)提起上诉,二审法院驳回了上诉,维持了原判。

【法院判决】

一审法院认为,被告瀚霖公司在本案中仅向恒基公司、归源公司出租厂房及设备,并没有生产、销售长碳链二元酸产品,原告凯赛金乡公司并未提供证据证明瀚霖公司存在实施侵害涉案专利权的行为。恒基公司、归源公司使用的生产工艺，即被诉侵权技术方案与瀚霖公司的生产工艺相同，恒基公司、归源公司生产、销售十二碳二元酸产品的行为侵害了上海凯赛公司涉案专利权。因此，判决恒基公司和归源公司停止使用涉案专利，停止销售依照该专利方法直接获得的长碳链二元酸产品，并且赔偿损失。恒基公司和归源公司不服一审判决，提起上诉。

二审法院认为，涉案专利权效力稳定。上海凯赛公司以及凯赛金乡公司已经完成了对相关事实的举证义务，并且为证明恒基公司、归源公司使用了涉案专利方法尽到合理努力，综合双方当事人举证充分程度和举证难度，并结合案件事实，已经满足证明责任转移的条件，应由恒基公司、归源公司举证证明其长碳链二元酸的制造方法不同于涉案专利方法。然而，在本案中，恒基公司、归源公司没能证明其生产的长碳链二元酸的制造方法不同于涉案专利方法，因此，二审法院判定恒基公司、归源公司的上诉请求均不成立，原审判决认定事实清楚，适用法律正确，驳回上诉，维持原判。

【案例评析】

方法专利一般比产品专利保护难，尤其在专利侵权诉讼中，取证相对比较困难，本案是在非新产品方法专利诉讼中适用知识产权民事诉讼证据规则，合理分配当事人举证责任的典型案例。本案入选了2021年中国法院50件典型知识产权案例。司法实践中，本案为非新产品方法专利侵权案件举证责任的分配提供了可借鉴的审判思路，对非新产品方法专利侵权举证责任转移的适用具有指导和参考意义。

一、本案中凯赛金乡公司与恒基公司、归源公司举证责任的分配

由于产品制造方法具体在产品的制造过程中体现，司法实践中，权利人往往难以获得被诉侵权人使用专利方法的证据。本案是一起典型的方法专利侵权纠纷，法院考虑双方当事人就各自所需证明事实的举证充分程度和举证难度，在综合全案事实的基础上，运用逻辑推理和日常生活经验法则，整体判断是否已经满足证明责任转移的条件。

举证责任分配是《民事诉讼法》中重要的内容，影响着诉讼进程。在方法专利的侵权判定中，举证责任分配问题贯穿于案件审理的整个过程。本案

涉及非新产品方法专利侵权案件举证责任的分配。

根据《专利法》第 66 条的规定，专利侵权纠纷涉及新产品制造方法发明专利的，制造同样产品的单位或者个人应当提供其产品制造方法不同于专利方法的证明。在涉及新产品制造方法的发明专利侵权诉讼中，原告需要证明专利中涉及的产品是新产品，一旦法院认定涉案专利的产品为新产品，则举证责任发生转移，此时需要被告来证明其产品制造方法不同于专利方法。但如果方法专利诉讼中，涉及的产品并非为新产品，就如本案所示，原告的举证往往比较困难。那么原告举证到什么程度，就可以完成举证义务，可以满足证明责任转移的条件？

《最高人民法院关于知识产权民事诉讼证据的若干规定》第 3 条规定，专利方法制造的产品不属于新产品的，侵害专利权纠纷的原告应当举证证明下列事实：（一）被告制造的产品与使用专利方法制造的产品属于相同产品；（二）被告制造的产品经由专利方法制造的可能性较大；（三）原告为证明被告使用了专利方法尽到合理努力。当原告完成上述举证后，法院可以要求被告举证证明其产品制造方法不同于专利方法。

本案在二审中，上诉人恒基公司、归源公司均认为，在凯赛金乡公司没有完成初步举证的情况下，举证责任不应发生转移。首先，本案涉及的产品十二碳二元酸产品，并非新产品，不能适用《专利法》第 66 条的规定，按照《最高人民法院关于知识产权民事诉讼证据的若干规定》第 3 条的规定，上海凯赛公司和凯赛金乡公司需要证明恒基公司、归源公司生产的十二碳二元酸精品与涉案方法专利制造的产品属于相同的产品；其次，需要证明恒基公司、归源公司生产的十二碳二元酸精品是按照受保护的专利方法制造的可能性较大；最后，要有证据能说明上海凯赛公司以及凯赛金乡公司为证明被告使用了专利方法已尽到合理努力。以上三个不同维度的证据之间的关系是"和"的关系，如果举证责任要发生转移，三个构成要件必须同时满足。只有当上海凯赛公司和凯赛金乡公司完成上述举证后，举证责任才发生转移，即需要由恒基公司、归源公司来证明其生产的十二碳二元酸精品所用的方法与涉案方法专利不同。

在本案中，结合具体的证据，包括黄岛海关查扣的恒基公司出口的长碳链二元酸产品的检测报告，该报告与（2017）鲁02民初1694号案件中瀚峰公司侵权产品的检测结果高度一致；以及在先生效判决认定了在恒基公司之前租用瀚霖公司厂房和设备的瀚峰公司实施了涉案专利方法的事实；同时法院也认定了在后租用瀚霖公司厂房和设备的归源公司也制造与涉案专利方法制造的产品相同产品的事实等，恒基公司制造的十二碳二元酸产品与涉案专利方法制造的产品属于相同产品具有高度盖然性，在没有相反证据的情况下，法院合理推定了恒基公司制造的产品与涉案专利方法制造的产品属于相同产品。根据归源公司和恒基公司相继先后租用瀚霖公司的厂房和设备，制造生产相同的产品，都没有重新报批建设项目环境影响评价文件等证据，法院认为归源公司和恒基公司继续使用瀚霖公司长碳链二元酸生产线中的生物发酵法生产长碳链二元酸的精制工艺制造的十二碳二元酸产品与涉案专利方法制造的产品具有较大的可能性。上海凯赛公司以及凯赛金乡公司为了证明其诉讼主张，在原审中共提交了54份证据，其中用于证明恒基公司、归源公司使用了涉案专利方法的证据接近30份，涉及固定侵权样品、检验侵权样品、恒基公司和归源公司未变更生产工艺等的初步证据。二审法院综合考虑了凯赛金乡公司在本案诉讼中的取证难度、取证代价、举证证据数量、证据关联度和证明力等因素，认为凯赛金乡公司已尽到了合理努力。因此，二审法院认定上海凯赛公司和凯赛金乡公司的举证满足了《最高人民法院关于知识产权民事诉讼证据的若干规定》第3条规定的举证责任转移的构成要件，举证责任发生了转移，要求恒基公司和归源公司举证证明其产品制造方法不同于专利方法。归源公司和恒基公司提交的证据不足以证明其实施的方法不同或者不等同于涉案专利方法，承担了不利的法律后果。本案法院充分考虑双方当事人就各自所需证明事实的举证充分程度和举证难度，在综合全案事实的基础上，运用逻辑推理和日常生活经验法则，整体判断是否已经满足证明责任转移的条件。

证据制度是诉讼制度的重要组成部分，民事诉讼证明责任制度是民事诉讼证据制度的核心问题。证明责任，又称为举证责任，是指当事人对自己提出的主张有提供证据进行证明的责任，包括行为意义上的证明责任和结果意义上证明责任。① 民事诉讼中举证责任如何分配,原则上需要由法律加以规定。② 行为意义上的证明责任是指当事人对自己提出的主张有提供证据的责任,是一种动态的举证责任,围绕着法官对案件事实的判断与确信程度在当事人之间互相转移的举证责任。结果意义上的证明责任,又称为客观上的证明责任,是由法律预先设定的并且不能转移的举证责任,指当待证事实真伪不明时,由依法负有证明责任的人承担不利后果的责任,而且只有当案件中待证事实真伪不明时,结果意义上的举证责任才能显现出来,即才能要求负有举证责任的一方当事人承担不利的后果。③ 民事诉讼中证明责任的承担是不以当事人的诉讼身份或诉讼地位为标准来设定承担主体,承担证明责任的主体并不固定于原告或被告,而是按照一定的分配原则由原被告分担。④ 我国《民事诉讼法》第67条规定,当事人对自己提出的主张,有责任提供证据,即明确了我国民事诉讼证明责任分配的一般原则——"谁主张,谁举证",这也体现了诉讼公证的一般要求。《最高人民法院关于适用〈中华人民共和国民事诉讼法〉的解释》第90条规定,当事人对自己提出的诉讼请求所依据的事实或者反驳对方诉讼请求所依据的事实,应当提供证据加以证明,但法律另有规定的除外。在作出判决前,当事人未能提供证据或者证据不足以证明其事实主张的,由负有举证证明责任的当事人承担不利的后果。可见,当事人为了避免不利的事实认定和不利的后果,需要努力收集和提出证据。同时,当事人因没有举证或者虽然提出了证据,却未能达到相应的证明标准,也会承担不利的事实认定,甚至败诉的后果。

二、司法实践中关于《专利法》第66条中"新产品"的认定

我国《专利法》第66条规定,专利侵权纠纷涉及新产品制造方法的发

---

① 郝芝宏:《浅析民事诉讼证明责任的承担》,载中国法院网2013年9月25日,https://www.chinacourt.org/article/detail/2013/09/id/1096366.shtml。

② 参见袁俊龙:《浅议举证责任分配的法定化》,载《山西省政法管理干部学院学报》2021年第2期。

③ 潘剑锋:《民事证明责任论纲——对民事证明责任基本问题的认识》,载《政治与法律》2016年第11期。

④ 参见郝芝宏:《浅析民事诉讼证明责任的承担》,载中国法院网2013年9月25日,https://www.chinacourt.org/article/detail/2013/09/id/1096366.shtml。

明专利的，制造同样产品的单位或者个人应当提供其产品制造方法不同于专利方法的证明。如何理解《专利法》中的"新产品"？在司法实践中对于方法专利侵权诉讼中"新产品"如何证明呢？

《最高人民法院关于审理侵犯专利权纠纷案件应用法律若干问题的解释》第 17 条规定，产品或者制造产品的技术方案在专利申请日以前为国内外公众所知的，人民法院应当认定该产品不属于《专利法》所规定的新产品。北京市高级人民法院在《专利侵权判定指南（2017）》第 112 条中规定，《专利法》第 61 条规定的"新产品"，是指在国内外第一次生产出的产品，该产品与专利申请日之前已有的同类产品相比，在产品的组份、结构或者其质量、性能、功能方面有明显区别。如果产品或者制造产品的技术方案在专利申请日以前为国内外公众所知，应当认定该产品不属于专利法规定的新产品。可见，新产品界定的地域范围是国内外，时间在申请日之前，该产品的技术方案不为公众所知，或制造该产品的技术方案是不为公众所知。

在（2021）最高法知民终 86 号案件——深圳市创绿建材有限公司与佛山市藤骏塑胶有限公司侵害发明专利权纠纷案中，最高人民法院明确指出，新产品应当是指在国内外第一次生产出的产品，该产品与专利申请日之前已有的同类产品相比，在产品的组份、结构或者其质量、性能、功能方面有明显区别。司法实践中对于"新产品"的判断标准是，该产品是国内外第一次生产出来的，产品与专利申请日之前已有的同类产品相比，产品的组份、结构或者其质量、性能、功能方面有明显区别。在（2022）最高法民申 7893 号案件——华瑞同康生物技术（深圳）有限公司、南京诺尔曼生物技术股份有限公司侵害发明专利权纠纷民事申请再审案中，涉及一种依照涉案专利方法制造的抗人 TK1–IgY 组合抗体以及制备的试剂盒，最高人民法院的观点是，不能仅凭产品相较于现有技术具有更好的技术效果就推知其为"新产品"。新产品的判定标准是，与申请日之前的同类产品相比，在产品的组份、结构或其质量、性能、功能方面有明显区别，即它是一种不同的产品，而不仅仅是对原有产品结构、质量、性能或功能方面的改善与提高。同时，最高人民法院再次确认了新产品一定是国内外第一次生产出的产品，产品或制造该产品的技术方案在专利申请日以前并不为国内外公众所知。

本案中，专利方法所制造的产品为长碳链二元酸精品，法院认为，作为化学产品，如果通过加工方法仅是去除了原料中的杂质，并没有改变该物质的分子式或结构式，如官能集团、分子立体构型等，该化合物的化学名称、分子式或结构式、理化参数等未发生变化的情况下，经过提纯加工方法得到的纯度更高的产品，并不属于《专利法》意义上的新产品。本案中，长碳链二元酸产品在涉案专利申请日之前已经存在，涉案专利提供了一种生物发酵法生产长碳链二元酸的精制工艺，提高了长碳链二元酸产品的性能，拓展了长碳链二元酸下游产品的发展空间。但涉案专利方法并没有改变长碳链二元酸的化学结构式或分子式，也就是说，并没有创造一种新物质，经过涉案专利方法得到的依旧为长碳链二元酸，因此，并不属于《专利法》意义上的新产品。

按照《专利法》第66条的规定，专利侵权纠纷涉及新产品制造方法发明专利的，制造同样产品的单位或者个人应当提供其产品制造方法不同于专利方法的证明。涉及新产品方法专利的，按照民事诉讼中"谁主张，谁举证"的一般原则，原告除了需要提供初步的专利侵权证据外，还对产品是否属于新产品负有举证责任。原告提供的证据应当能够证明涉案产品与专利申请日之前已有的同类产品相比，在产品的组份、结构或者质量、性能、功能方面有明显区别。如果原告可以提供证据证明涉案专利产品为专利法规定的"新产品"，则举证责任发生转移，由被告来承担涉案侵权产品的制造方法与专利产品的制造方法是否相同的证明责任。在（2018）最高法民申4149号案件——义务市贝格塑料制品有限公司、张海龙与上海艾尔贝包装科技发展有限公司、杭州阿里巴巴广告有限公司侵害发明专利权纠纷案中，最高人民法院认为，举证责任倒置属于民事侵权中"谁主张，谁举证"一般原则的例外，对于权利人产品是否属于新产品仍然应当由权利人举证证明，权利人提交初步证据证明该产品属于《专利法》规定的新产品的，应当认定其已经尽到举证义务，但提交的证据应当可以证明涉案产品与专利申请日之前在国内外与已有的同类产品相比，在产品的组份、结构或者其质量、性能、功能方面有明显的区别。仅仅通过"产品及其制造方法"专利获得授权并不能推定出产品属于"新产品"。可见，要证明产品属于《专利法》中的新产品，不能仅凭该产品或其制造方法被授予专利权来判定。

三、方法专利侵权纠纷中双方当事人举证责任的转移

《专利法》第66条规定了新产品方法专利的举证责任倒置，但对非新产品方法专利侵权纠纷中，涉及被诉侵权产品制造方法的举证责任没有作特别规定。因此，对于非新产品方法专利侵权纠纷中的举证责任，按照我国《民事诉讼法》中规定的一般原则"谁主张，谁举证"，仍需要由原告来承担相应的举证责任。产品的制造方法体现在产品的制造过程中，权利人一般无法到被告的生产厂房中获得被告实际生产方法的证据，因此，权利人往往难以提供被诉侵权人使用了涉案专利方法的证据，如果机械地按照"谁主张，谁举证"的举证责任分配原则，可能在司法实践中导致举证责任分配缺乏公正。2020年施行的《最高人民法院关于知识产权民事诉讼证据的若干规定》中第3条规定，专利方法制造的产品不属于新产品的，侵害专利权纠纷的原告应当举证证明下列事实：（一）被告制造的产品与使用专利方法制造的产品属于相同产品；（二）被告制造的产品经由专利方法制造的可能性较大；（三）原告为证明被告使用了专利方法尽到合理努力。原告完成前款举证后，人民法院可以要求被告举证证明其产品制造方法不同于专利方法。

由于产品制造方法专利或制造工艺专利，涉及具体的生产工艺和步骤，在专利侵权诉讼中，权利人已经提供证据证明被诉侵权产品与专利方法直接获得的产品相同，对证明涉案产品制造方法与专利方法相同已尽到了最大的努力来举证，举证证明了被告制造的产品经由专利方法制造的可能性较大。原告完成这样的相关举证后，举证责任发生转移，法院可以要求被告举证证明其产品制造方法或者制造工艺不同于专利方法，如果被告不能完成相应的举证责任，可能要承担不利的后果责任。本案中，恒基公司、归源公司没有能证明其长碳链二元酸的制造方法不同于涉案专利方法，因此承担了不利的法律后果。

【案例启示】

一、新产品方法专利侵权诉讼中，原告需要正确认识专利法中的"新产品"，并且负有证明"新产品"的举证责任

《专利法》第66条针对新产品方法专利侵权诉讼，确立了举证责任倒置

原则，即被告需提供证据证明其产品制造方法不同于专利方法。虽然新产品制造方法专利侵权诉讼中适用举证责任倒置，但原告仍需提供初步证据，证明按照专利方法直接获得的产品为新产品，同时被告存在侵权的初步证据。只有当原告提交的初步证据可以证明涉案产品属于《专利法》规定的新产品，完成其举证义务后，才能适用举证责任倒置。

根据司法解释的相关规定，新产品应当是指在国内外第一次生产出来的产品，该产品与专利申请日之前已有的同类产品相比，在产品的组份、结构或其质量、性能、功能方面有明显区别。如果涉案产品或制造产品的技术方案在专利申请日前为国内外公众所知悉，那么该产品就不属于《专利法》规定的新产品。新产品一定体现在"新"上，如果仅仅是对原有产品质量、性能等方面的改善、或者是对原有产品的纯化，组成成分中杂质的减少等方面的改善，产品本身并没有发生任何实质性的改变，并没有脱胎换骨成为一种新的产品，那就不是《专利法》意义中的新产品。同时，原告准备证据时，不建议用仅仅通过"产品及其制造方法"专利申请获得授权的证据，因为专利获得授权并不能推定出产品属于《专利法》中规定的"新产品"。

二、非新产品的方法专利侵权诉讼中，举证责任发生转移的条件

司法实践中，方法专利侵权的证据一般体现在产品的制造过程中，原告对于证据的取得往往相对比较困难。根据《最高人民法院关于知识产权民事诉讼证据的若干规定》，在涉及非新产品的方法专利侵权诉讼中，原告需要完成下列举证后，举证责任发生转移，法院可以要求被告举证证明其产品制造方法不同于专利方法。具体是：首先，原告需要证明被告制造的产品与使用专利方法制造的产品属于相同的产品；其次，原告需要证明被告制造的产品经由专利方法制造的可能性较大；最后，原告需要结合具体案情和自身提交的证据，证明其为证明被告使用了专利方法尽到了合理努力。因此，在非新产品方法专利侵权诉讼中，原告应依照该思路准备和提交证据，争取在案件诉讼中实现举证责任的转移，由被告来举证证明其产品制造方法不同于涉案专利方法。

案例十九　专利行政诉讼中新证据的审查

——四川新绿色药业科技发展有限公司与国家知识产权局、
　广东一方制药有限公司发明专利权无效行政纠纷案

【案例问题】

专利确权行政诉讼程序是为当事人针对专利确权行政决定不服而设置的司法救济程序。当事人为了证明其主张成立，可能会在诉讼过程中提供其在无效宣告行政程序中未提供过的新证据，对于无效宣告请求人或专利权人在专利无效宣告程序中未提供，但在专利确权行政诉讼中提供的新证据，这些证据不是国家知识产权局作出被诉决定的依据，法院是否予以审查呢？

【当事人】

上诉人（原审原告）：四川新绿色药业科技发展有限公司。
被上诉人（原审被告）：国家知识产权局。
原审第三人：广东一方制药有限公司。

【案情简介】

涉案专利申请日为2003年8月4日，发明名称为"药品的自动分装与计量装置"，授权公告日为2006年9月13日，专利权人为四川新绿色药业科技发展有限公司（以下简称新绿色药业公司）。2019年5月23日，广东一方制药有限公司（以下简称一方制药公司）提出无效宣告请求，提交的证据之一是证据3，即专利号为US3991908的美国专利说明书的复印件及其中文译文，授权公告日为1976年11月16日。2019年6月5日，国家知识产权局受理了该无效宣告请求。2019年6月21日，一方制药公司补充提交了证据，其中包括证据6：公告编号为221346的台湾专利公报及专利说明书复印件，公开日为1994年2月21日。2019年7月23日，国家知识产权局进行了口头审理，认定证据3和证据6可以用来评价本专利的创造性。2020年3月23日，国家知识产权局作出被诉决定，认为涉案专利权利要求1-9不具备创造性，宣告涉案专利权全部无效。

新绿色药业公司不服国家知识产权局的无效宣告决定，向北京知识产权法院（以下简称一审法院）起诉，新绿色药业公司分两次向一审法院提交了7份证据，包括有关工具书、视频、感谢信等。对此，国家知识产权局、一方制药公司均以上述证据并非被诉决定作出的依据为由，认为上述证据不应被采信。一审法院认为，本专利权利要求1-9均不具备创造性，被诉决定证据确凿，适用法律、法规正确，符合法定程序。新绿色药业公司的诉讼请求均不具备事实与法律依据，对此不予支持。因此，一审法院判决驳回新绿色药业公司的诉讼请求。

新绿色药业公司不服一审判决，向最高人民法院（以下简称二审法院）上诉。二审法院支持了新绿色药业公司的上诉请求，撤销了一审的行政判决，撤销了国家知识产权局作出的第43743号无效宣告请求审查决定，国家知识产权局就涉案专利提出的无效宣告请求重新作出审查决定。

【法院判决】

一审法院认为，新绿色药业公司在诉讼阶段提交的新证据，并未在之前的无效宣告阶段提交，新绿色药业公司对其在诉讼过程中才予以提交的做法亦未作出合理解释。由于这些证据不是国家知识产权局作出被诉决定的依据，所以不应作为法院审查该决定是否具备合法性的事实根据，一审法院对此均不予采信。同时，法院认为本领域技术人员能够根据具体应用场合的要求，对证据3的技术方案进行适应性的改变，从而轻易得到权利要求1的技术方案，因此权利要求1不具有突出的实质性特点和显著的进步，不具备创造性。同样，相对于证据3和证据6，权利要求2-9也不具有创造性。综上，一审法院认为被诉决定证据确凿，适用法律法规正确，符合法定程序，没有支持新绿色药业公司的诉讼请求。

二审法院认为，一审法院仅以该 7 份补充证据并非国家知识产权局作出被诉决定的依据，不应作为法院审查被诉决定是否具备合法性的事实依据为由不予采信的认定有误。法院认为，涉案专利权利要求 1 与证据 3 相比，有 4 个区别技术特征，涉案专利具有多份药品的自动计量、分装的功能和效果，而现有技术中没有给出相应的技术启示。因此，涉案专利权利要求 1 具有创造性，同时直接或者间接引用权利要求 1 的从属权利要求 2 – 9 也具有创造性。二审法院撤销了一审法院的行政判决和无效宣告决定，要求对无效宣告请求重新作出审查决定。

【案例评析】

本案入选 2021 年中国法院 50 件典型的知识产权案例，涉及专利行政诉讼中新证据的审查，判决文书也入选 2021 年全国法院技术类知识产权和垄断案件优秀裁判文书。本案对于专利无效行政诉讼中，专利权人提交的新证据予以了审查，在司法实践中，对于专利无效行政诉讼中，新证据的审查具有指导意义。

一、专利权人在原审过程中提交的补充证据是否予以审查

2020 年 9 月 12 日起施行的《关于审理专利授权确权行政案件适用法律若干问题的规定（一）》中第 29 条规定，专利申请人、专利权人在专利授权确权行政案件中提供新的证据，用于证明专利申请不应当被驳回或者专利权应当维持有效的，人民法院一般应予审查。专利授权确权行政诉讼程序是为当事人针对专利授权确权行政决定不服而设置的司法救济程序，为证明其主张成立，当事人可能会在诉讼过程中提供其在行政程序中未提供过的新的证据。对于专利申请人和专利权人在此阶段提供证据用于证明专利申请应当授权，或者专利权有效的，由于已经没有其他救济途径或者补救措施，故人民法院一般应当予以审查。可见，在专利无效行政诉讼中，专利权人提供新的证据，来证明专利权有效的，由于专利确权行政诉讼是为当事人对无效宣告决定不服而设置的司法救济程序，对于专利权人，除此程序外，已经没有其他救济途径或者补救措施了，一般法院是予以审查的。

本案一审行政诉讼中,专利权人新绿色药业公司分两次向一审法院提交了包括《机械工业质量管理教材第 3 版》《物理知识辞典》等有关工具书、视频"六工位发药机.mp4"和"新绿色战疫情.mp4",以及感谢信等共 7 份证据。一审法院认为,专利行政诉讼案件是对国家知识产权局作出之行政行为的合法性加以审查,因此应以国家知识产权局作出该行政行为时所依据的证据,即行政相对人在无效宣告阶段提交的证据为依据。就新绿色药业公司在诉讼过程中提交的新证据而言,这些证据材料并未在无效宣告阶段提交,而新绿色药业公司对其在诉讼过程中才予以提交的做法亦未作出合理解释。由于这些证据不是国家知识产权局作出被诉决定的依据,故不应作为法院审查该决定是否具备合法性的事实根据,因此,一审法院对此均不予采信。

二审法院按照《关于审理专利授权确权行政案件适用法律若干问题的规定(一)》中第 29 条规定,认为一审法院对该 7 份补充证据并非国家知识产权局作出被诉决定的依据,不应作为法院审查被诉决定是否具备合法性的事实依据为由不予采信的决定有误。二审法院对专利权人新绿色药业公司在行政诉讼中提交的新证据的真实性、合法性、关联性进行了实证性审查。

对于专利无效行政诉讼,专利权人补充了新证据,用于证明专利权应该维持有效的,法院一般应予审查。相反,对于无效宣告请求人在专利确权行政案件中提供的新证据,法院一般不予审查,除非为了证明在专利无效宣告请求审查程序中已主张的公知常识或惯常设计;证明所属技术领域的技术人员或一般消费者的知识水平和认知能力;证明外观设计专利产品的设计空间或现有设计的整体状况;补强在专利无效宣告请求审查程序中已被采信证据的证明力;反驳其他当事人在诉讼中提供的证据。除此之外,如果当事人向人民法院提供的证据系其在无效宣告请求审查程序中被依法要求提供但无正当理由未提供的,人民法院一般不予采纳。

二、关于涉案专利权利要求 1 是否具备创造性问题

根据《专利法》的规定,创造性是指同申请日以前已有的技术相比,发明有突出的实质性特点和显著的进步,实用新型有实质性特点和进步。在判断相对于现有技术是否显而易见时,通常按照以下三个步骤:第一,确定最接近的现有技术;第二,与最接近的现有技术进行比对后,确定发明的技术特征，然后根据具体区别技术特征在要求保护的发明中所能达到的技术效果确定发明实际解决的技术问题；第三，从最接近的现有技术和发明实际解决的技术问题出发，判断要求保护的发明对本领域技术人员来说是否显而易见。

在涉案发明创造中，双方就解决的技术问题存在分歧，新绿色药业公司认为，涉案发明是适用于粉末状或微小颗粒状物质的自动分装与计量装置。但国家知识产权局和一方制药公司认为，权利要求1并未记载本专利用于颗粒或粉末状药品的分装，不能将说明书中的内容引入对权利要求保护范围进行限缩解释。二审法院认为，涉案专利是一种配药系统中的药品自动分装与计量装置，说明书对于发明应用的场景进行说明和阐述，可以使本领域技术人员更好地理解技术问题的解决，通过阅读说明书对权利要求书的内容进行理解，准确区分与现有技术的界限，并不是对专利要求保护范围的不当限缩。因此，新绿色药业公司在本案中结合说明书的记载说明涉案专利的应用场景并无不妥。

在创造性判断方面，被诉决定认为，最接近的对比文件证据3中"药丸接收孔"相当于本专利的"量杯孔"，二审法院认为，结合本专利说明书记载的发明目的，"量杯孔"具有特定的含义，发挥的作用和功能并不同于证据3"药丸接收孔"的作用，与证据3的"药丸接收孔"构成区别技术特征。因此，涉案专利与最接近的对比文件相比，具有四个区别技术特征：计量件外侧同步齿；外盖有卡簧，卡簧穿过下药件中心轴孔和计量件中心轴孔；环绕该下药件中心轴孔分布的出药口；计量件具有量杯孔。因此，二审法院确定了涉案专利实际要解决的技术问题是：如何实现药品的自动化快速计量与分装。涉案专利的区别技术特征"计量件外侧同步齿"的作用是与机械手相啮合，与证据3中瓶盖上的肋条的功能和要解决的技术问题不同，也没有进一步的证据给出技术启示，因此，对于本领域技术人员来说，该区别技术特征具有非显而易见性。"环绕该下药件中心轴孔分布的出药口"与"计量件具有量杯孔"两个区别技术特征可以实现多份药品的同步计量、同步分装的功能和效果，再配合区别技术特征"计量件外侧同步齿"解决了"药品自动化快速计量与分装"涉案专利实际要解决的技术问题，相对比最接近的对比文献，现有技术和公知常识也未给出相应的技术启示来得到涉案专利的技术方案，对于本领域技术人员而言，涉案专利权利要求1具有创造性。

在新颖性和创造性判断中，检索到最接近的对比文件后，首先要与最接近的对比文件进行比对，找到区别技术特征，本案二审法院与一审法院对于"量杯孔"是否属于区别技术特征的认定也不同。二审中认为计量件具有量杯孔是区别技术特征，与最接近的对比文件证据3"药丸接收孔"发挥的作用不同。在判断区别技术特征时，与最接近的对比文件中相应的技术特征进行比较，需要结合专利说明书记载的发明目的，以及具体技术特征所发挥的功能，综合进行判断。

我国《专利法》规定，发明或者实用新型专利权的保护范围以其权利要求的内容为准，说明书及附图可以用于解释权利要求。可见，发明或者实用新型的保护范围是以权利要求书中所记载的内容为准，如果权利要求书中没有记载，仅仅出现在说明书中的内容是不能对权利要求的保护范围限定的，但说明书及附图可以用来对权利要求书进行解释。仅在说明书中记载了发明目的、应用场景等内容不能对权利要求保护范围进行限定，但这些内容有助于对发明内容更好的理解，在创造性判断时，需要阅读说明书，结合说明书的内容来更好的理解发明创造的内容，区分与现有技术的界限，根据区别技术特征，结合说明书中的内容来确定发明的目的，确定发明所要解决的具体问题，考虑现有技术与发明目的是否相同，是否能够给出相应的技术启示。具体到本案，涉案发明"药品的自动分装与计量装置"，说明书对于发明应用的场景进行说明和阐述，二审法院确认了新绿色药业公司结合说明书记载说明涉案专利的应用场景并无不妥；在创造性评价过程中，基于对现有技术是否给出技术启示需要引述说明书对发明目的、应用场景的说明，不属于对权利要求保护范围的限缩，而是结合说明书记载的发明目的对权利要求进行解释。

【案例启示】

在专利无效宣告请求中，请求人应尽可能寻找相关证据和无效理由来证明目标专利不具有专利授权的实质要件，从而达到使目标专利无效的目的。在无效宣告请求书中，应尽可能提供相关证据，在受理无效宣告请求后，请求人可以在提出无效宣告请求之日起1个月内增加理由或补充证据，逾期增加理由或补充证据的不予考虑。在专利确权行政诉讼中，对于无效宣告请求人在专利确权行政案件中提供新证据，来证明专利应当被无效的，这类证据一般都不予受理，除非不涉及新的事实和理由的证据，与本领域普通技术人员或一般消费者的知识水平和认知能力相关的证据，以及反驳的证据等，可以提交并审查。因此，请求人在准备无效请求时，应尽可能全面地检索和收集相关证据，找到充分的无效理由。无效宣告请求书应清楚载明无效宣告的理由，以及尽可能全面的提交相关证据，最晚也要在无效宣告请求之日起1个月内增加理由或提交补充相关的证据，避免在无效阶段或行政诉讼中因没有机会补交重要的证据，而需要另行提出无效宣告请求。

案例二十　药品专利链接案件权利要求比对对象

——中外制药株式会社与温州海鹤药业有限公司确认是否落入专利权保护范围纠纷案

【案例问题】

我国《专利法》第四次修正建立了药品专利纠纷早期解决机制。根据《药品专利纠纷早期解决机制实施办法（试行）》，仿制药企提交药品上市许可申请时，需要对相关的药品专利提交声明并且需要对相关声明的真实性、准确性负责。虽然实施办法中规定仿制药申请人对相关声明的真实性和准确性负责，但没有明确规定声明应当针对药品专利的具体权利要求。司法实践中仿制药申请人在提交仿制药上市申请时提交的4.2类声明，需要明确权利要求的对应性吗？仿制药企提交4.2类声明后，不论专利权人选择诉讼还是行政裁决，判断仿制药技术方案是否落入专利保护范围时，与药品专利权利要求进行比对的对象又是什么呢？

【当事人】

上诉人（原审原告）：中外制药株式会社。
被上诉人（原审被告）：温州海鹤药业有限公司。

【案情简介】

中外制药株式会社为涉案专利权的权利人，涉案专利申请日为2005年2月7日，发明名称为"ED-71制剂"，授权日为2010年12月8日，起诉时，涉案专利处于有效状态。与涉案专利相关的药品是"艾地骨化醇软胶囊"，中外制药株式会社是该药品的上市许可持有人，并就涉案专利在中国药品专利信息登记平台进行了登记，上述登记信息于 2021 年 7 月 13 日公开。

温州海鹤药业有限公司（以下简称海鹤公司）在 2021 年 8 月 16 日向国家药品监督管理局提出的涉案仿制药的注册申请，受理号为 CYHS2101591 国，同时作出了 4.2 类声明，认为涉案仿制药未落入涉案专利权利要求 2 的保护范围。

2021 年 12 月 30 日国家知识产权局针对案外人就涉案专利提出的无效宣告请求，作出了第 53498 号无效宣告请求审查决定，宣告涉案专利权全部无效。在该无效宣告程序中，中外制药株式会社对涉案专利权利要求进行了修改，将原权利要求 2 中的"抗氧化剂是选自 dl－α－生育酚"加入权利要求 1，删除原权利要求 2，对于其他权利要求的序号进行了相应调整。该决定在一审和二审判决作出时仍处于起诉期限内。

北京知识产权法院（以下简称一审法院）认为，海鹤公司申请注册的涉案仿制药并未落入中外制药株式会社的涉案专利权利要求 1－6 的保护范围。中外制药株式会社不服一审法院于 2022 年 4 月 15 日作出的（2021）京 73 民初 1438 号民事判决，向最高人民法院（以下简称二审法院）提起上诉。二审法院认为，涉案仿制药中采用的抗氧化剂与涉案专利权利要求 1 中的 dl－α 生育酚不构成等同的技术特征，涉案仿制药的技术方案不落入涉案专利权的保护范围。驳回上诉，维持原判。

【法院判决】

涉案专利权虽被宣告无效，但该无效决定处于起诉期限内，中外制药株式会社和海鹤公司都主张实体审理，综合考虑后，法院进行了审理。一审法院认为，涉案仿制药使用的抗氧化剂是 A，并不是涉案专利权利要求 1 中的 dl－α－生育酚，二者不相同。同时，基于专利权人对权利要求的修改，法院适用了"捐献原则"，具体到 dl－α－生育酚的技术特征，其等同的范围并不包括涉案仿制药使用的 A 物质，因此与权利要求 1 的技术特征不构成等同。因此，一审法院认为海鹤公司申请注册的仿制药未落入中外制药株式会社专利权利的保护范围。

二审法院认为，海鹤公司在作出4.2类声明时，并未对药品专利的最大保护范围作出声明，仅对保护范围较小的从属权利要求作出声明，不具有正当理由，但结合《药品专利纠纷早期解决机制实施办法》尚处于试行阶段，海鹤公司的声明针对权利要求的保护范围事实上覆盖了修改后涉案专利权的保护范围，海鹤公司作出的4.2类声明虽有不当之处，但未对中外制药株式会社的实体和诉讼权利造成不利影响。中外制药株式会社在无效宣告程序中将原权利要求2中的部分附加技术特征合并到权利要求1中，将权利要求1的抗氧化剂限定为dl-α-生育酚，并删除了原权利要求2。同时中外制药株式会社并无合理理由或证据证明其并未通过修改权利要求放弃使用其他抗氧化剂的技术方案，本案适用"禁止反悔原则"，不能将A作为抗氧化剂的技术方案纳入涉案专利权的等同范围内。因此，二审法院认为涉案仿制药的技术方案不落入涉案专利权的保护范围。

【案例评析】

本案是我国《专利法》第四次修正建立药品专利纠纷早期解决机制后的首个药品专利诉讼案件，同时也入选了2022年中国法院10大知识产权案件。该案的判决对于准确理解药品专利纠纷早期解决机制的内涵和意义，同时在《药品专利纠纷早期解决机制实施办法（试行）》和《关于审理申请注册的药品相关的专利权纠纷民事案件适用法律若干问题的规定》实施后，对司法实践中如何适用处理药品上市审批过程中可能涉及的专利纠纷具有指导意义。

一、4.2类声明的核心在于说明仿制药技术方案不落入被仿制药品专利权的保护范围

药品专利早期解决机制的立法目的是在药品上市前尽早地解决药品专利纠纷，提早降低仿制药上市后的侵权风险，同时，防止原研药的市场份额被仿制药分享，避免高昂的维权成本。[①]《药品专利纠纷早期解决机制实施办法（试行）》第6条规定，化学仿制药申请人提交药品上市许可申请时，应当对

[①] 参见陈扬跃、马正平：《专利法第四次修改的主要内容和价值取向》，载《知识产权》2020年第12期。

照已在中国上市药品专利信息登记平台公开的专利信息，针对被仿制药每一件相关的药品专利作出声明。按照实施办法的规定，声明共分为四类，其中第四类声明是中国上市药品专利信息登记平台收录的被仿制药相关专利权应当被宣告无效，或者其仿制药未落入相关专利权保护范围。具体而言，4.1 类声明是指中国上市药品专利信息登记平台收录的被仿制药相关专利权应当被宣告无效，4.2 类声明是指仿制药未落入相关专利权保护范围。第 6 条虽然规定了仿制药需要与被仿制药相关的每一件药品专利作出声明并且仿制药申请人需要对相关声明的真实性、准确性负责，但是并没有明确声明所应当针对的药品专利的具体权利要求。

《专利法》第 64 条规定，发明或者实用新型专利权的保护范围以其权利要求的内容为准，说明书及附图可以用于解释权利要求的内容。专利的保护范围是由权利要求来界定的，一份权利要求中包括了独立权利要求和从属权利要求，其中独立权利要求的保护范围最大。若仿制药的技术方案未落入独立权利要求的保护范围之内，则一定不会落入从属权利要求的保护范围之内。反过来，若仿制药的技术方案未落入从属权利要求的保护范围之内，仍然可能会有落入独立权利要求的可能性，因此并不能得出不落入药品专利保护范围的结论。一般而言，仿制药企业作出 4.2 类不落入药品专利权保护范围的声明时，针对的是一项专利技术方案中最大的保护范围，即独立权利要求作出的声明。如果药品专利权利要求中存在两个或两个以上的独立权利要求时，只有针对两个或两个以上独立权利要求均作出声明，才能确保声明的真实性和准确性。

在本案中，中外制药株式会社在 2021 年 7 月 3 日对涉案专利在中国药品专利信息登记平台进行了登记，与涉案专利权利要求对应的关系为 1－7。2021 年 8 月海鹤公司在提交仿制药上市申请时，没有针对修改前被仿制药所对应的独立权利要求作出声明，而是针对修改前的从属权利要求 2 作出 4.2 类声明。就涉案专利而言，在起诉前案外人四川国为公司和正大天晴分别提出了无效宣告请求，中外制药株式会社分别针对无效宣告请求，在 2021 年 7 月和 8 月提交了权利要求修改文本，中外制药株式会社将原权利要求 2 中的部分附加技术特征合并至权利要求 1 中，并删除了权利要求 2，同时相应调整了其他权利要求的序号。

按照《审查指南》对于专利无效的规定，修改后的审查文本被国家知识产权局接受并公开的最早时间点在口头审理过程中。海鹤公司对涉案仿制药注册申请的时间在前，国家知识产权对涉案专利进行无效宣告口头审理时间在后。海鹤公司在作出4.2类声明时，针对的文本只能是修改前的权利要求，但没有对涉案专利最大的保护范围，独立权利要求作出声明。但鉴于，无效宣告中专利申请文件的修改仅限于权利要求书，与授权的权利要求相比，不得扩大原专利的保护范围，不得超出原说明书和权利要求书记载的范围。[①] 中外制药株式会社将原权利要求2中的部分附加技术特征合并至权利要求1，删除了权利要求2，新修改的权利要求1的保护范围小于原权利要求2的保护范围内，海鹤公司4.2类声明时针对的是原权利要求2，因此海鹤公司声明所针对的权利要求的保护范围事实上涵盖了修改后涉案专利权的保护范围。本案审理期间，二审法院考虑到《药品专利纠纷早期解决机制实施办法》处于试行阶段，其中第6条规定提交药品上市许可申请时，需对与被仿制药相关的每一件药品专利作出声明，但没有明确声明所应当针对的药品专利的具体权利要求。由于本案特定的案情，海鹤公司的声明虽然存在瑕疵，但事实上包含了修改后的涉案专利的保护范围。因此，对于该声明提起的诉讼，法院基于修改后权利要求审理，符合药品专利纠纷早期解决机制的目的。海鹤公司作出的4.2类声明虽有不当之处，但并没有对中外制药株式会社的实体和诉讼权利造成不利影响。

在药品专利纠纷早期解决机制的制度设计中，仿制药申请人根据提交上市申请涉及药品专利情况，分别可以提出四类专利声明，其中提交4.2类声明时，仿制药申请人认为提交的仿制药不在中国上市药品专利信息登记平台中登记的相应药品专利的保护范围之内，并且需要对声明的真实性和准确性负责。只有提交这样的声明后，才能引起后续专利权人向法院提起诉讼或向国家知识产权局提出行政裁决。4.2类声明是药品专利纠纷早期解决机制中提出专利诉讼或行政裁决的前提基础，如果这个前提不存在，就不会引起后

---

① 参见国家知识产权局：《专利审查指南2023》，知识产权出版社2024年版，第432页。

续的诉讼或裁决。

专利保护范围确定中，独立权利要求的保护范围最大，按照全面覆盖的原则，仿制药如果提交4.2类声明不落入相应的药品专利的保护范围，应当针对的是权利要求范围最大的独立权利要求，因为只要不落入独立权利要求的保护范围，就一定不会落入从属权利要求的保护范围，不在相应的药品专利的保护范围之内。如果不落入某个从属权利要求的范围内，并不必然得出一定不落入独立权利要求范围之内的结论。虽然《药品专利纠纷早期解决机制实施办法（试行）》没有明确规定声明所应当针对的药品专利的具体权利要求，但遵循药品专利纠纷早期解决机制的目的，按照法律推理的方法，仿制药申请人作出4.2类不落入专利权保护范围的声明时，应当针对独立权利要求作出声明，如果对应的药品专利存在两个或两个以上的独立权利要求，仿制药申请人应当针对该两个或两个以上独立权利要求均作出声明。这样做一方面满足《药品专利纠纷早期解决机制实施办法（试行）》第6条规定的"仿制药申请人要保证声明的真实性和准确性"的要求，另一方面也奠定了进入药品专利纠纷早期解决机制的下个环节——专利权人或利害关系人向法院提起相应的专利诉讼，或者向国家知识产权局提出行政裁决请求的基础。

二、判断仿制药技术方案是否落入专利权保护范围时以申报资料为依据

药品上市审评审批过程中，药品上市许可申请人与药品专利权人或利害关系人之间因仿制药申请上市产生的纠纷并不是通常意义上的专利侵权纠纷，而是相关于专利权的一种特殊形式的纠纷，属于确认之诉，而非侵权之诉，通常被称为药品专利链接纠纷。

目前在审理专利侵权纠纷方面，有《最高人民法院关于审理侵犯专利权纠纷案件应用法律若干问题的解释》（法释〔2009〕21号）、《最高人民法院关于审理侵犯专利权纠纷案件应用法律若干问题的解释（二）》（法释〔2020〕19号）以及《最高人民法院关于审理专利纠纷案件适用法律问题的若干规定》（法释〔2015〕4号）等司法解释和相关规定。虽然药品专利链接纠纷案件不是专利侵权之诉，但确认是否落入专利保护范围也是审理专利侵权案件所必须的内容，因此，这些司法解释或规定所确定的规则也同样适用于药品专利链接纠纷。

《专利法》第 64 条规定，发明或者实用新型专利权的保护范围以其权利要求的内容为准，说明书及附图可以用于解释权利要求的内容。《最高人民法院关于审理侵犯专利权纠纷案件应用法律若干问题的解释》（法释〔2009〕21 号）中第 7 条规定，人民法院判定被诉侵权技术方案是否落入专利权的保护范围，应当审查权利人主张的权利要求所记载的全部技术特征。在专利侵权案件判定中，应将被控侵权产品或方法的技术方案与权利要求书的技术方案进行比对，以确定原告主张的证据中，被控侵权的产品或方法是否包含权利人主张的权利要求所记载的全部技术特征。

对于药品专利纠纷早期解决机制方面的纠纷，在判定是否落入相应药品专利权的保护范围时，进行比对的对象是涉案仿制药技术方案，即仿制药申请上市审批时，该仿制药申报材料所体现的技术方案，还是仿制药申请人实际实施的技术方案呢？我国《药品管理法》中第 24 条规定，在中国境内上市的药品，应当经国务院药品监督管理部门批准，取得药品注册证书；申请药品注册，应当提供真实、充分、可靠的数据、资料和样品，证明药品的安全性、有效性和质量可控性。《药品注册管理办法》第 38 条和第 39 条规定，药品审评中心应当组织药学、医学和其他技术人员，按要求对已受理的药品上市许可申请进行审评；综合审评结论通过的，批准药品上市，发给药品注册证书。可见，药企在取得药品批准文号之前是不能在我国境内上市的。我国 2019 年新修订的《药品管理法》建立了药品上市许可持有人制度，只有取得药品注册证书后才可以自行生产药品，或委托药品生产企业生产。也就是说，无论新药还是仿制药，在没有获得相应的药品注册证书前，是不能自行生产或委托药品生产企业生产的。申请药品注册时，应当提供真实、充分、可靠的数据、资料和样品，证明药品的安全性、有效性和质量可控性。国家药品监督管理局进行审评审批的内容是药企申请药品上市许可时提交的相关资料。一旦药品批准上市后，持有人应当按照国家药品监督管理局核准的生产工艺和质量标准生产药品，并按照药品生产质量管理规范要求进行细化和实施。

根据《专利法》第 76 条的规定，药品上市审评审批过程中，药品上市许可申请人与有关专利权人或利害关系人，因申请注册的药品相关的专利权产生纠纷的，相关当事人可以向人民法院起诉，请求就申请注册的药品相关技术方案是否落入他人药品专利权保护范围作出判决，也可以就申请注册的药品相关的专利权纠纷，向国务院专利行政部门请求行政裁决。国务院药品监督管理部门在规定的期限内，可以根据人民法院生效裁判或者国务院专利行政部门行政裁决作出是否暂停批准相关药品上市的决定。对于药品专利链接纠纷，当事人请求法院或国家知识产权局对申请注册的仿制药品相关技术方案是否落入药品专利权保护范围作出判决或行政裁决，在此过程中，仿制药申请人不能生产上市申报的药品，因为尚处于药品上市许可申请阶段。该仿制药的技术方案是被记载在向国家药品监督管理部门提交的申请资料中的，鉴于此，判定是否落入相应药品专利权的保护范围时，应以仿制药申请人向国家药品监督管理部门提交的申请资料为依据，并与药品专利的权利要求进行比对。

如果仿制药申请人实际实施的技术方案与申报技术方案不一致，仿制药企提交4.2类声明后，原研药企可能选择诉讼或行政裁决确认仿制药的技术方案是否落入药品专利权利范围之内。考虑到药品专利纠纷早期解决机制的立法目的，即在药品评审阶段尽早地解决药品专利纠纷，《药品管理法》第98条规定，禁止未取得药品批准证明文件生产、进口药品。《药品注册管理办法》第39条也规定，药品批准上市后，持有人应当按照国家药品监督管理局核准的生产工艺和质量标准生产药品。同时，在审查药品专利纠纷时，判断仿制药申请人实际实施的技术方案与申报资料是否相同，一般不属于药品专利纠纷早期解决机制方面相关的专利纠纷的审查范围。按照我国《药品管理法》第123条的规定，提供虚假的证明、数据、资料、样品或者采取其他手段骗取临床试验许可、药品生产许可、药品经营许可、医疗机构制剂许可或者药品注册等许可的，需要承担相应的法律责任。

本案中，中外制药株式会社认为海鹤公司向国家药品监督管理局申报的涉案仿制药的技术方案中抗氧化剂不是A物质，实际是dl-α-生育酚，法院认为申报资料对比试验中记载说明了海鹤公司所申报的抗氧化剂辅料是A物质，并非生育酚类物质的上位概念，而是与生育酚并列的一种具体抗氧化剂。法院认为海鹤公司将登记为原料药的 A 物质作为涉案仿制药的辅料申报是否符合相关规定，属于国务院药品监督管理部门的审查范围，不影响对申报资料和比对对象的确认。本案的判决明确了药品专利纠纷早期解决机制中，判断仿制药技术方案是否落入专利权保护范围时，与药品专利权利要求进行比对的具体对象。

【案例启示】
一、药品专利纠纷早期解决机制中仿制药企提交 4.2 类声明的要求

我国《药品专利纠纷早期解决机制实施办法（试行）》第 6 条规定了仿制药提交上市许可申请时，对照登记公开的专利信息，针对被仿制药每一件相关的药品专利作出声明，但并没有明确声明所应当针对的药品专利的具体权利要求。按照我国药品专利纠纷早期解决机制的建立目的以及《药品专利纠纷早期解决机制实施办法》的相关规定，如果提交 4.2 类声明，该类声明的核心在于表明仿制药申请人提交的仿制药申请的技术方案不在药品专利的保护范围内。实践中，在中国上市药品专利信息登记平台中，在 4.2 类声明中需要填写登记的权利要求项编号，建议对于 4.2 类不落入专利权保护范围的声明，仿制药申请人除了对具体的权利要求作出声明外，还对应着保护范围最大的独立权利要求作出声明，如果该药品专利中有两个或两个以上的独立权利要求，仿制药申请人应包括针对这两个或两个以上的独立权利要求均作出声明。

二、在药品专利纠纷早期解决机制中判断是否落入药品专利保护范围时，是以仿制药申报资料为依据进行比对

我国药品专利纠纷早期解决机制中，如果仿制药申请人在提交药品上市许可时，提出了 4.2 类声明，会引起后续的专利诉讼或行政裁决，无论专利诉讼还是行政裁决，都需要判断仿制药的技术方案是否落入药品专利的范围。按照我国《药品管理法》的规定，没有获得药品上市许可之前，仿制药申请人不能生产销售正在上市申报的药品，因此，药品专利链接纠纷中，判断仿制药技术方案是否落入专利权保护范围时，应以仿制药申请人的申报资料为依据进行对比判断。如果仿制药申请人实际实施的技术方案与申报的技术方案不一致,一般不属于专利保护审查的范围。如果仿制药申请人实际实施的技术方案与申报资料不一致,将按照《药品管理法》和《药品注册管理办法》等法律法规承担相应的法律责任。